Minerva Shobo Librairie

社会統計学アドバンスト

片瀬一男/阿部晃士/林 雄亮/高橋征仁
[著]

ミネルヴァ書房

は じ め に

　本書は姉妹書ともいうべき『社会統計学ベイシック』（ミネルヴァ書房，2015年）などで学んだ基礎的な社会統計学を発展させて，卒業論文の作成程度で用いる多変量解析を中心にわかりやすく説明したものである。

　多変量解析は『社会統計学ベイシック』などで学んだ２変数間の因果関係の分析を拡張して，３変数以上の因果推論を行う技法である。それによって，社会事象の背後にあるより複雑な因果のメカニズムを多変量の関係から可視化するものである。つまり，統計学の手法を使って複雑で錯綜した「見えないものを見る」ことが多変量解析の目的である。

　本書ではまずこのことを第１章で確認した後，第２章から第４章では，２変数間の関係に関する分析，すなわちクロス集計・一元配置分散分析・単回帰分析を多変量解析に拡張する考え方を学ぶ。これに対して，第５章と第６章では潜在空間をあつかう因子分析，総合的指標を作成する主成分分析を理解した後，第７章から第11章では，重回帰分析のいくつかの展開例（パス解析やロジスティック回帰分析など）についても理解を深めていく。最後に，第12章では多変量解析を用いた論文を先行研究として読むためのチェックポイントを学ぶ。

　多変量解析のように多次元的空間で「見えないものを見る」という試みは，これまでにも様々な分野でおこなわれてきた。たとえば，フロイトの夢の分析も，精神分析という手法によって夢の世界を「無意識の働き」という潜在的なメカニズムによって解明しようとするものであった。

　フロイトは人間の精神現象にはすべて原因があり，そのほとんどは本人も気づいていない無意識の原因であると考えた。したがって，偶然に起こるとされていた夢や言い間違いなどにも，物理事象と同じく，それを生みだす因果関係がある。しかも，精神現象は１対１の因果関係によるのではなく，多くの要因が同時に働いて生じる。そこで，フロイトの夢分析はその「多重決定

（Überdeterminierung)」（Freud［1902］1968: 256，ただし訳書では「多面的被制約性」と訳されている）解明するものである。フロイトもまた，顕在的な夢の内容を多重決定する「目に見えない無意識」という因果メカニズムを見出そうとしていた。

　この夢に関するフロイトの分析は，多変量解析のモデルときわめて似通っている。社会調査データの多変量解析もまた，フロイトの夢分析と同様，顕在的な社会事象を多重決定している潜在的なメカニズムを明らかにする手法にほかならない。

　本書の記述に際しては，必要に応じて数式を掲載したが，その式の意味はなるべく具体的な数値例や図表で分かりやすく解説した。そして，多変量解析の結果の読み方や解釈の仕方についても解説をした（第12章）。

　なお，モデルデータには『社会統計学ベイシック』に引き続き，日本性教育協会が2011年に実施した第7回「青少年の性行動全国調査」を原則として用いる。この調査の概要，および調査票については，同協会編『「若者の性」白書——第7回青少年の性行動全国調査報告書』（小学館）を参照されたい。ただし，同調査は連続変数が少ないため，一部の章では2012年に東北学院大学「仕事と健康研究会」が実施した「仕事と健康に関する仙台市民調査」（仙台市の選挙人名簿から25歳から39歳の5,000名を抽出して，郵送による調査を行った。有効回収数は1,405名であった）を用いた。調査データの使用を許可いただいた日本性教育協会，および「仕事と健康研究会」に感謝する。

　また上記データの分析には，IBM社のSPSSを用いている（IBM SPSS Statistics 25, International Business Machines Corp., New Orchard Road, Armonk, New York 10504）。最後になるが，本書の編集にあたっては，前著『社会統計学ベイシック』と同じく，ミネルヴァ書房の水野安奈さんにご配慮をいただいたことにも，感謝申し上げる。

　2019年10月

　　　　　　　　　　片瀬一男・阿部晃士・林雄亮・高橋征仁

社会統計学アドバンスト

目　次

はじめに i

本書の使い方 viii

第1章 社会調査データの分析における多変量解析 …………… 1
——見えないものを見る魔法
1 多変量解析の効用 1

2 多変量解析の定義と分析例 3

3 多変量解析の種類——本書の構成 10

4 まとめ 13

第2章 多変量解析の考え方（1） …………………… 15
——二元配置の分散分析
1 分散分析による平均の差の検定 15

2 平方和の計算 19

3 F 値による複数の平均の差の検定 20

4 二元配置の分散分析 22

5 まとめ 28

第3章 多変量解析の考え方（2） …………………… 31
——カイ二乗検定からログリニア分析へ
1 離散変数の関係を分析する——クロス集計 31

2 二重クロス表へのログリニア分析 35

3 三重クロス表へのログリニア分析 38

4 まとめ 44

第4章 多変量解析の考え方（3） …………………… 47
——単回帰分析から重回帰分析へ
1 回帰分析の考え方 47

2 重回帰分析の考え方 54

3 まとめ 60

目　次

第5章　線形結合による潜在変数の構成 ……………………………… 62
——因子分析
1　因子分析の考え方　62
2　因子分析の手順　65
3　因子分析の実行と結果の解釈　69
4　まとめ　75

第6章　線形結合による総合変数の構成 ……………………………… 78
——主成分分析
1　主成分分析の考え方　78
2　主成分分析の手法　80
3　主成分分析の実際　84
4　まとめ　90

第7章　重回帰分析の展開（1）……………………………………… 93
——ダミー変数と交互作用
1　ダミー変数を用いた重回帰分析　93
2　ダミー変数を用いた重回帰分析における交互作用効果　100
3　まとめ　105

第8章　重回帰分析の展開（2）……………………………………… 108
——階層的重回帰分析
1　重回帰分析における変数の投入法　108
2　重回帰分析を応用した因果推論　115
3　まとめ　120

第9章　重回帰分析の展開（3）……………………………………… 123
——パス解析による因果推論
1　パス解析の考え方——重回帰分析からパス解析へ　123
2　社会学におけるパス解析　127
3　パス解析の実際　130

v

4 まとめ 133

第10章 離散変数を従属変数とした回帰分析（1）……………… 136
──二項ロジスティック回帰分析

1 二項ロジスティック回帰分析のねらい 136

2 二項ロジスティック回帰分析のモデル式 139

3 推定方法と結果の解釈 141

4 統計的検定とモデル評価 145

5 分析における注意点と結果のまとめ方 148

6 まとめ 149

第11章 離散変数を従属変数とした回帰分析（2）……………… 151
──多項・順序ロジスティック回帰分析

1 多項ロジスティック回帰分析と順序ロジスティック回帰分析 151

2 多項ロジスティック回帰分析 152

3 順序ロジスティック回帰分析 157

4 まとめ 162

第12章 多変量解析を用いた論文を読み解くために ……………… 164

1 先行研究を検討することの意味と観点 164

2 理論のチェック・ポイント 166

3 データのチェック・ポイント 170

4 方法のチェック・ポイント 174

5 まとめ──社会学的想像力のツールとしての多変量解析 178

付表A‐1　F分布表：F検定での主な限界値（片側検定の有意水準　$\alpha = 0.05$） 180

付表A‐2　F分布表：F検定での主な限界値（片側検定の有意水準　$\alpha = 0.01$） 182

付表B　カイ二乗分布表：カイ二乗検定での主な限界値 184

付表C　正規分布表：標準正規分布において0からzの間の値が生起する確率
　　　　（面積：p） 185

付表D　t分布表：t検定での主な限界値 186

目　次

引用文献　187

学習を進めるための推薦図書　192

学習課題解答　195

索　　引　213

本書の使い方

（1）本書は片瀬一男・阿部晃士・高橋征仁『社会統計学ベイシック』の続編として，多変量解析の基礎を実際のデータ分析をしながら身につける目的で編集されました。実際の社会調査データ（主として日本性教育協会が2011年に実施した第7回「青少年の性行動全国調査」のデータ）をもとに分析をすることで，社会統計学のなかでも多変量解析の基本的な手法を体得することを目指しています。

（2）そのため，各章の本文中には【例題】，また章末に【学習課題】が用意されています。
【例題】や【学習課題】の第1問は，手計算によって解ける問題がありますから，電卓もしくは計算機能の付いたスマートフォンなどを準備してください。これに対して，【学習課題】の2問目以降はSPSSによって解く問題です。調査データは東京大学社会科学研究所のデータアーカイブSSJDAから教員が教育目的として利用申請を行い，それをダウンロードして学生に配布することができます。

（3）また【例題】の解答は当該頁に脚注として掲載しました。章末の【学習課題】の解答は巻末に一括して掲載してあります。

（4）なお，本書の内容は社会調査協会の「社会調査士資格認定科目」のD科目「社会調査に必要な統計学に関する科目」，もしくはE科目「多変量解析の方法に関する科目」におおむね対応しています。

第1章

社会調査データの分析における多変量解析
——見えないものを見る魔法

～～ **本章の目標** ～～

　多変量解析は多次元的な潜在空間で因果推論を行い，複雑な因果のメカニズムを明らかにする手法である。この点で，多変量解析は「異化作用」を有することを学ぶ。次に，本書で扱う一般線形モデルについての理解を深め，多変量解析の種類と用法を本書の構成と関連づけて理解する。

キーワード　社会調査　異化作用　多変量解析　因果メカニズム　一般線形モデル

～～～～～～

① 多変量解析の効用

1.1 異化作用のツールとしての多変量解析

　世界的ベストセラーとなった「ハリー・ポッター」シリーズの第7巻『ハリーポッターと死の秘宝』では，「ホメナム レベリオ（Homenum Revelio）」という呪文が使われている。この呪文は「人現れよ」という意味をもち，隠れている人間の存在を知ることができる。たとえば，闇の帝王に追われたハリーらが，古い家に忍び込むとき，仲間の少女・ハーマイオニーが「先に進む前に，調べた方がいいと思うわ」と言ってこの呪文を唱えている（Rowling [2007] 2008: 248）。本書で扱う**多変量解析**もまた，この呪文と同じく，「隠れたもの・見えないものを見る」技法である。

　山田（1998: 5）によれば，**社会調査**における分析とは「われわれにとって自明である感じ方の「なじみ」を失わせると同時に，われわれの知識や認識を豊かなものにする力が備わっている」という。そして，この力を「社会調査の**異化作用**」と呼んだ。

　そこで山田があげている例は，秋の琵琶湖畔に打ち上げられる夥しい数のアユの死骸である。この光景を初めて見た人は，琵琶湖の汚染によって死んだア

1

ユの死骸と受け止める。しかし，環境研究所の研究員から説明を受けた人は，アユが越年せず，その年の秋の産卵が終わると死滅すること，したがって湖畔のアユの死骸は〈環境汚染〉のシンボルではなく，〈翌年の豊漁〉を意味することを知る。こうして常識や思い込み的な認識（アユの死骸＝湖の環境汚染）が，新しい情報によって修正され，これまで見えなかった事象（アユが秋に産卵して死ぬ）を知ることで，われわれの認識が深まっていく——この過程を，山田（1998: 6）は「社会調査の異化作用」と呼んだ。

1.2　文学における異化作用と社会科学における異化作用

　そもそも異化作用という概念は，20世紀初頭のロシア・フォルマリズムの文芸評論家・言語学者シクロフスキー（Shklovskii［1925］1971）にまで遡る。彼は日常言語と詩的言語を対比し，聞き慣れてしまった言語である日常言語では，事象が「再認」されるにすぎないが，詩的言語を用いることによって，その事象が全く異なるものとして知覚されることを説いた。シクロフスキー（Shklovskii［1925］1971: 15-16）は次のように主張する。すなわち，「日常的に見慣れた事物を奇異なものとして表現する《異化》の方法が芸術の方法であり，（中略）知覚の困難さと，時間的な長さとを増大する難解な形式の方法が芸術の方法」（邦訳では《異化 Остранение》が《非日常化》と訳出されているので改めた）である。そして，シクロフスキーは，この詩的言語の異化作用によって文学固有の世界が成立するとした。

　実際，現代詩は特異な表現をあえて使うことによって読者が見慣れた風景を異化し，詩独特の世界を生みだす。たとえば，中原中也の「汚れちまった悲しみに……」（中原［1930］2000）の一部を引こう。

汚れつちまつた悲しみに
今日も小雪の降りかかる
汚れつちまつた悲しみに
今日も風さへ吹きすぎる
　（中略）

汚れつちまつた悲しみは

なにのぞむなくねがふなく

汚れつちまつた悲しみは

倦怠のうちに死を夢む

　この詩では人間の「悲しみ」が擬人化され，冬の風雪のなか，生きる望みも
失って死を迎えようとしている。「悲しみ」を擬人化という仕方で異化する一方
で，それを「汚れちまった」と自嘲し，その悲しみの根にある悔恨まで歌い上
げているかのようである。
　こうした異化作用をもつ詩的言語にあたるものが，社会科学では多変量解析
であろう。それは，数学（統計学）の力を借りて，社会事象を異化し，まったく
異なる見方をすることで，普段は見えない社会のメカニズムを可視化するもの
である。多変量解析は詩的言語の代わりに数学を使って世界を異化するもので
あるから，シクロフスキーも言うように，しばしば「難解な形式」をとること
もある。しかし，直観に訴える詩的言語とは異なり，一定の論理や手順を備え
ているため，それらを学習さえすれば，誰にでも使いこなせるものである。

② 多変量解析の定義と分析例

2.1 多変量解析の定義

　では，多変量解析はどのようなかたちでわれわれの社会認識の地平を異化し，
拡大するのだろうか。まず代表的なテキストにおける多変量解析の定義をみて
みよう。

　　**「互いに相関のある多変量（多種類の特性値）のデータのもつ特徴を要約し，
　　かつ所与の目的に応じて総合するための手法」**（奥野 1981: 2-3，強調は原文
　　の通り）。
　　「一つの対象について複数個の値が観測されるような統計的データの解析
　　法」（竹内 1987: 1）

「(多元的な——引用者補足) 事象そのもの，またはその事象の背後にあると
想定される要因の多元的測定によって得られる多変量データ間の相互関連
を分析することによって，錯綜した情報を圧縮して事象を簡潔に記述した
り，事象の背後にある潜在因子を探索したり，事象を規定する複数の要因
を総合したりするといった一連の統計的手法の総称」(柳井 1994: i)

　これらの定義に共通する要素を取り出せば，多変量解析とは，①個々の対象
がもつ複数の変数を取り上げ，②それらの変数間の関連を分析することで，③
そうした関連の背後にある要因の相互連関を見出して，そこにある潜在的要因
を探索したり，その事象を規定する複数の要因を特定する統計技法の総称，と
定義できる。このうち，①の特性からして，多変量解析の対象となる社会調査
データは図1.1に示したような行列構造をもつ。

変　数

サンプル番号	居住区	性　別	年　齢	学　歴	支持政党	満足度
1	A　区	2	25	3	1	3
2	A　区	1	31	3	3	1
3	A　区	2	49	2	2	4
…	…	…	…	…	…	…
1000	F　区	1	20	2	4	5

値

図1.1　多変量データの構造

　すなわち，まず縦の列には個々の観測個体 (サンプル) が並び，横の行にはそ
れぞれの変数が並び，そのなかのセルには各観測個体が当該変数に関してもつ
値が並ぶことになる。
　また多変量解析の②の特性は，これらの変数の間には一定の関連があること
を前提とすることを意味し，また③の特性はそうした関連の背後にある潜在的
要因を発見したり，それをもとに事象を多元的に決定する構造を発見すること
が，多変量解析の目的となっていることを示している。

4

2.2 分析例——年収は何によって決まるか

ここで多変量解析による社会事象の分析事例として，年収が何によって決まるかという問題を考えてみよう。

収入もいくつかの要因によって多次元的に決定されるという考え方をすることができよう。近年，いわゆる成果主義が導入されつつあるが，日本の企業は学歴別に新卒者を一括採用し，年功制で賃金・昇進を決めるという経営システムを依然として残している。こうした年功序列制のもとでは，年齢が賃金に与える影響が大きいと考えられる。つまり，年齢が上がるにつれ，賃金も上昇する。ここでは，年齢が独立変数となって，従属変数（賃金）が決まると考えられる。こうした年齢と賃金のような連続変数の関係は，以下の（1.1）式であらわせる。

$$\hat{Y}_i = a + bX_i \tag{1.1}$$

ここで，X_i は i 番目の観測値における独立変数（年齢）X の値であり，そこから，X と Y の線形関係（直線によって示される変数間の関係）によって，i 番目の観測値における賃金の予測値である $\hat{Y}_i$ を予測するという式である。この式をグラフにすると切片が a，傾きが b の直線となる（図1.2）。この予測式による直線を**回帰直線**と呼ぶ。この回帰直線の傾き b は**回帰係数**と呼ばれ，実際の観測値 Y_i と予測値 $\hat{Y}_i$ の差（回帰による予測値との誤差）e_i の2乗和が最小となる方法（**最小二乗法**）によって決められる。この回帰直線の傾きは，X が1単位（年齢が

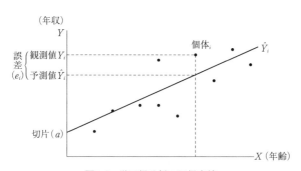

図1.2 単回帰分析の回帰直線

1歳）増えた場合，従属変数 Y（賃金）がどれだけ増えるか示すものである。これは，1つの独立変数，すなわち年齢 X によってのみ従属変数である収入 Y が決まると考えるので，**単回帰分析**という。

しかし，実際には賃金が年齢（あるいは勤続年数）によってのみ決まるほど，世の中は単純ではない。たとえば，学歴社会といわれるように，学歴もまた年収に少なからぬ影響を与えている。そこで，(1.1) 式に学歴の影響も加えると，以下の予測式になる。

$$\hat{Y}_i = a + b_1 X_{1i} + b_2 X_{2i} \qquad (1.2)$$

この式では b_1, b_2 は，**偏回帰係数**と呼ばれ，X_1, X_2 が1単位変化した場合の Y の変化量を表す。つまり，偏回帰係数が大きいほど，その独立変数が従属変数におよぼす効果は大きいことになる。こうした分析は独立変数が複数あるという意味で，**重回帰分析**と呼ぶ。重回帰分析の詳細は本書第4章に譲るが，これも図示すると，図1.3のようになる。この重回帰分析は，変数が3つ（従属変数1つ，独立変数2つ）からなるものであるため，図1.3のような三次元の図で表すことができる。

しかし，収入を決定する要因は年齢と学歴以外にもある。たとえば，性別や資格の有無などである。これらの要因を追加していくと，もはや図1.2や図1.3のような図では表すことができない。人間が知覚できる世界は三次元までだか

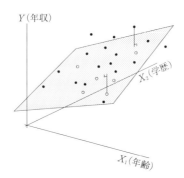

図1.3 重回帰分析の模式図
（出典）盛山（2003: 232）より林・片瀬作成。

第1章　社会調査データの分析における多変量解析——見えないものを見る魔法

らである。これを超えた世界はわれわれにとって「見えない世界」となるが，この「見えない世界」も統計学の手法で表現できる。

たとえば，表1.1は資格が収入におよぼす効果に関して分析した結果を示している（阿形 2000）。これは階層的重回帰分析（本書第8章を参照）と呼ばれる方法で，収入（年収）の規定因を分析したものである。この方法では，まず基本モデルで収入の規定因をみた後，関心のある要因（この分析では資格の有無）を投入し，その効果をみるという手順で分析が行われる。また，この分析ではダミー変数（本書第7章を参照）が使われているが，1行目の男性ダミーというのは，男性＝1，女性＝0という値を入れ，女性を基準に男性であることが収入におよぼす効果をみるものである。資格モデルの4つの資格ダミーも同じである。

そこで，まず基本モデルの結果からみると，収入にもっとも影響を与えているのは性別（男性ダミー）で，他の条件が同じなら，男性は女性に比べ個人所得が339.865万円多い（表中に示されているのは標準化されない偏回帰係数である）ことを意味している。たしかに，以前より多くの女性が雇用労働へ進出したが，その多くがパートタイムに代表される非正規雇用であるため，日本においては性

表1.1　収入に関する重回帰分析（有職者全体）

説明変数	基本モデル	資格モデル
男性ダミー	339.856　(0.426)***	332.602　(0.417)***
年　齢	5.088　(0.165)***	5.155　(0.167)***
教育年数	28.952　(0.180)***	30.405　(0.189)***
初職威信	3.334　(0.064)**	3.357　(0.064)**
父教育年数	0.886　(0.007)	1.161　(3.105)
父職威信	3.052　(0.077)**	3.105　(0.078)**
「伝統型」資格ダミー		42.802　(0.021)
「女性専門職型」資格ダミー		−41.145　(0.026)
「建設ホワイト型」資格ダミー		31.566　(0.012)
「男性工業型」資格ダミー		30.097　(0.023)
定　数	−696.591***	−722.692***
決定係数	0.284	0.286
決定定数の差		0.002
F 検定		0.921

（注）（　）内は標準偏回帰係数。サンプル数は1577。
　　　***：$p<0.001$　**：$p<0.01$　*：$p<0.05$
（出典）阿形（2000: 135）

7

別がもっとも年収を規定していることになる。

　次いで影響力が大きいのは教育年数（学歴）であり，教育年数が1年長くなるにつれ，28.952万円年収が増えることになる。

　次に，この基本モデルに4つの資格ダミー（それぞれの資格ダミーの内容については（阿形 2000）を参照）を投入した資格モデルでは，どの資格ダミーも有意になっていない。また決定係数（投入された独立変数によって説明される従属変数の分散の割合）も，資格ダミーを投入しても，0.284から0.286へと0.002上昇しただけで，F検定でその増分は有意ではない。

　ここから阿形（2000）は，他の分析も行ったうえで，いわゆる「資格社会」（Collins［1979］1984）が成立しているのは，一部の専門職（医師，弁護士など）で，ほとんどの資格が収入の増大には貢献していないと結論づけている。この資格モデルは，1つの従属変数（収入）を10の独立変数（男性ダミーから「男性工業型」資格ダミーまで）によって説明しようとしている。すなわち，11次元というわれわれには知覚できない世界で収入の多重決定のメカニズムを明らかにしようとしていることになる。多変量解析とは，このように社会事象の背後にある複数の**因果メカニズム**を解きほぐしていく手法であるといえよう。

2.3　一般線形モデルによる説明

　これまで示してきた2つの式（(1.1) 式，(1.2) 式）によって表されるモデルは，近年では**一般線形モデル**と一括して呼ばれるようになった。この一般線形モデルは，(1.1) 式や (1.2) 式のように，一次関数（二次以上，すなわち二乗以上の項を含ます，一次の項の積和によって示される式で，従属変数が正規分布していることを仮定するもの）によって表現されるモデルである。具体的には (1.1) 式や (1.2) 式を一般化した以下の式で示される。

$$\hat{Y}_i = a + b_1 X_{1i} + b_2 X_{2i} + \cdots + b_k X_{ki} \qquad (1.3)$$

　この式でも $\hat{Y}_i$ が従属変数で，X_{1i}, $X_{2i} \cdots X_{ki}$ が k 個の独立変数を表す。また a は切片，b は k 個の X にかかる重みづけ（これがそれぞれの X が Y におよぼす効果の大きさを表す）である。

この式によれば，独立変数が変化すると従属変数も直線的に変化（単調増加または単調減少）する関係を示すことができる。多変量解析の目的は，多元的で複雑なデータのなかからより単純で本質的な関係性（特に因果関係）を取り出して，数学的なモデルとして定式化することである。特に因果関係をモデル化するには，関心をもっている従属変数（結果）を説明しうる独立変数（原因）を想定したうえで，両者の関係を仮説のかたちで定式化する。そして，その仮説に沿って実際に独立変数が従属変数にどのように，またどの程度，効果をおよぼしているか明らかにしようとする。

こうした独立変数と従属変数の関係には，線形関係と非線形な関係があるが，線形の関係の方が数学的に単純に扱うことができるので，広く使われている。というのも，線形関係とは，独立変数の変化に応じて従属変数の値も，図1.2に示したように，直線的に変化するというシンプルな関係性を意味しているからである。

これに対して，非線形の関係とは，たとえば図1.4a に示した二次関係や図1.4b に示した対数関係のように，二次の項（X^2）や対数変換（$\log X$）を含む式によって表され，独立変数と従属変数が曲線的な関係にあるものをいう。こうした非線形の関係を数学的にモデル化する方法も提案されているが，線形モデルより高度な数学的知識を必要とし，推定方法も難しいとされる（岩間 2006: 96）。

その一方で，こうした非線形の問題に対しては，分析に先立って元のデータを変換しておけば線形モデルでも近似的に対応できるともいわれている

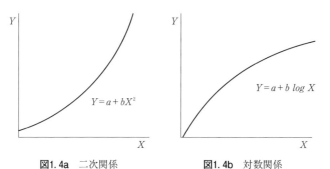

図1.4a 二次関係 　　図1.4b 対数関係
（出典）Bohrnstedt and Knoke（[1988] 1990: 232）

（Bohnstedt and Knoke［1988］1990: 233）。つまり，一定の制約を踏まえたうえで，非線形な関係に関する説明も線形モデルで代替することができる。

　実際，研究においてたてられる仮説は，「Aが大きくなればBが大きくなる（小さくなる）」といった形式をとることが多い。したがって，独立変数が変化すると従属変数も直線的に変化すると仮定する線形モデルをたてることは理にかなっている（Knoke, Bohnstedt and Mee 2002: 22-23）。何よりも，線形モデルは（1.3）式に見られるように，要因の効果を重みづけして足し合わせ，複数の独立変数が従属変数におよぼす効果を累積的に合算するというかたちで１つの式によって表現している。これによって他の独立変数がおよぼす効果も考慮したうえで，それぞれの独立変数が有する独自の効果を明らかにすることができることこそ，線形モデルの強みといえるだろう。

　こうした一般線形モデルには，分散分析や回帰分析のほかに，独立変数に離散変数と連続変数を入れる共分散分析が含まれる。これらの分析の従属変数はいずれも連続変数だが，最近では従属変数を離散変数とした因果分析の手法，たとえばログリニア分析（本書第３章），ロジスティック回帰分析（本書第10章，第11章）も用いられるようになった。そして，これらのモデルを統一的に整理した**一般化線形モデル**という考え方も提案されている。

③　多変量解析の種類
──本書の構成──

3.1　多変量解析の分類

　このように多変量解析には，いくつもの種類があるだけでなく，近年になって次々と新しい手法が登場し，どれを使ったらよいか迷うほどである。そこで，以下では，多変量解析を選択し，使い分ける手がかりを示したい（なお詳細は本書第12章を参照）。その場合，選択の基準は以下のようになると考えられる。

（１）分析の目的
　①因果分析：独立変数と従属変数の区別がある。

②構造分析：両者を区別せず，変数間の関係や構造をみる。

（2）（因果分析の場合）独立変数と従属変数の性質

①離散変数か。

②連続変数か。

まず（1）は分析の目的であるが，ここでは以下の2通りに分ける。

①因果分析，独立変数と従属変数を設定して，原因と結果に関する仮説の検定を行ったり，仮説をもとにモデルを設定し，その適合度を調べるもの（回帰分析系の方法），

②構造分析，変数間の因果関係を仮定せず，変数間の相関や距離によって，潜在因子を発見したり（因子分析），総合得点を作成するもの（主成分分析），

次に（2）だが，因果分析のみに当てはまる基準である。この場合，2×2＝4で4通りの分析手法を考えることができる。すなわち，従属変数と独立変数の組み合わせは，

①従属変数が離散変数 – 独立変数も離散変数（ログリニア分析）

②従属変数が離散変数 – 独立変数が連続変数（ロジット分析）

③従属変数が連続変数 – 独立変数が離散変数（二元配置の分散分析）

④従属変数が連続変数 – 独立変数も連続変数（重回帰分析）

の4通りである。こうした分類を踏まえて，本書では線形モデルを用いて因果分析を行う手法を中心に代表的な多変量解析の手法を紹介している。

3.2　本書の構成

その際，たとえば本書の姉妹編ともいうべき『社会統計学ベイシック』などで社会統計学の基礎を学んだ人を念頭に，それらの手法を発展させていく方向で教材の配列を考えた。

第2章から第4章までは，2変数間の関係の分析を多変量の解析に展開し，多変量解析の考え方の基礎を学ぶ。まず第2章では，一元配置の分散分析を二元

配置の分散分析に展開することで交互作用効果などについての理解を深める。また，第3章では，カイ二乗検定を踏まえてログリニア分析へ進む。ここでは，クロス集計表について，そのセル度数の分布を説明するためにさまざまなモデルを立て，どれがもっともデータに適合するかを検討する方法を学ぶ。これに対して，第4章は，独立変数が1つだった単回帰分析から2つ以上の独立変数を扱う重回帰分析へと目を向ける。この重回帰分析は，社会統計学でもっとも頻繁に使われる手法であり，第7章以降の内容は，この重回帰分析を基礎に展開されるので，よく理解を深めてほしい。

　他方，第5章と第6章では，構造分析にあたる因子分析と主成分分析を扱う。これらの分析は，独立変数と従属変数を区別せず，変数間の関連からその潜在的な構造を明らかにしたり，複数の変数から総合的な指標を作成するために用いられる。これらの手法は因果分析そのものではないが，潜在的なデータの構造を明らかにしたり（因子分析），総合得点を用いた因果分析を行うのに役にたつ（主成分分析）。

　さらに第7章から第9章までは，重回帰分析の展開を扱う。第7章では，重回帰分析の独立変数に離散変数をダミー変数として組み込むとともに，他の変数との交互作用を検討する手法について学ぶ。また，第8章では，重回帰分析の基本モデルに順次，独立変数を追加投入し，もとのモデルにあった変数の効果の変化や，追加した変数の効果を検討することで，媒介関係などより複雑な因果関係を解明する階層的重回帰分析について理解する。第9章では，この手法をもとに，パス解析による因果推論の仕方について学習する。

　他方，第10章から第11章までは，一般化線形モデル（従属変数を離散変数とした回帰分析）を説明している。第10章では，2値変数を従属変数とした二項ロジスティック回帰分析を扱う。また第11章では，2つ以上の値をもった離散変数を従属変数とした多項ロジスティック回帰分析，順序尺度で測定された変数を従属変数とする順序ロジスティック回帰分析を紹介する。社会調査から得られるデータには，連続変数よりも，名義尺度や順序尺度で測定される離散変数の方が多い。したがって，離散変数を従属変数とした回帰分析の手法を身につけておくと，データの分析の幅が広がることになる。

第1章 社会調査データの分析における多変量解析——見えないものを見る魔法

　最後に，第12章では，上記の方法を発展させたマルチレベル分析や共分散構造分析にもふれながら，多変量解析を用いた論文を先行研究として読むヒントも示唆されているので，実際に社会調査データの分析を用いてレポートや卒業論文を書く際の手掛かりにしていただきたい。

④　まとめ

　これから学ぶ多変量解析とは，個々の対象（調査対象者など）がもつ複数の変数（属性など）を同時にモデルに取り込み，それらの変数間の関連を分析する統計的手法である。この方法では，そうした関連の背後にある要因の相互連関を見出して，その事象を規定する複数の要因を特定する統計技法とみることができる。この手法により，複雑な社会事象をなるべく単純な統計的モデルで説明することで，より明確な因果関係の構造を描き出すことができる。

　さまざまな多変量解析は，第一に，分析の目的が因果分析（独立変数と従属変数の区別がある）なのか，構造分析（両者を区別せず，変数間の関係や構造をみる）なのか，第二に，因果分析の場合，独立変数と従属変数の性質が離散変数か，連続変数かによって分けられる。自分の分析目的や扱う変数の性質によって，適切な手法を選択すればよい。

　多変量解析は，数学（統計学）の力を借りて，われわれがこれまで見えなかった世界を開示してくれるツールである。このことは，本章では「異化作用」と表現してきたことであるが，これは古典を読むことにも通じる面をもつ。経済学者の内田義彦は，社会科学における読書の意義を論じた著作（内田 1985）のなかで，「古典として読む」という読み方について，「自分の眼の構造を変え，いままで目に映っていた情報の受け取り方，つまりは生き方が変わる」ことと表現している。ここでは内田が「眼の構造を変える」と述べていることに注目したい。読書によっても，さらにはデータ分析によっても，われわれはそれまで「見えなかったものを見る」ことができる「眼の構造」を鍛えていくことになるのである。

【学習課題】

Q1.1 多変量解析について説明した以下の文章の（a）〜（f）の空欄を埋めて文章を完成せよ。

　　多変量解析とは，個々の対象がもついくつかの　a　を取り上げ，それらの間の　b　を見い出して，事象の背後にある　c　を探索したり，その事象を規定する複数の要因を特定する統計技法の総称である。そのため，多変量解析では，多元的で複雑なデータのなかから，より単純で本質的な因果関係を取り出して，数学的なモデルとして定式化する。因果関係をモデル化するには，重みづけした要因の効果を足し合わせ，複数の独立変数が従属変数におよぼす効果を累積的に合算した一次関数である　d　という1つの式によって表現する。これによって説明しようとする結果変数である　e　を，その原因となる　f　を想定したうえで，両者の関係を仮説のかたちで定式化し，適切な手法を選んで分析を行う。

Q1.2 本章で取り上げた収入の分析例のように，複数の要因によって規定される現象（従属変数）を取り上げ，それを規定していると考えられる要因（独立変数）を列挙せよ。

Q1.3 次にあげる変数間の関係を分析するには，11頁にあげた4つの因果分析の方法（①ログリニア分析，②ロジット分析，③二元配置の分散分析，④重回帰分析）のうちどれが適切か。
(a) 性別・父職が本人初職におよぼす影響。
(b) 性別・従業上の地位による年収の違い。
(c) 年齢と教育年数が年収におよぼす影響。

第2章

多変量解析の考え方（1）
——二元配置の分散分析

〜〜〜 **本章の目標** 〜〜〜

　独立変数が1つの場合の分散分析について学んだあと，2つの独立変数からなる二元配置の分散分析について理解する。この手法は一般線形モデルの1つであり，これから学ぶ多変量解析の考え方の導入になる。併せて，交互作用の考え方も理解する。

キーワード　分散分析　一般線形モデル　F検定　二元配置分散分析　交互作用効果

① 分散分析による平均の差の検定

1.1 分散分析の考え方

　分散分析とは，複数の平均に差があるか検定する方法として知られるが，従属変数が複数の独立変数の一次式，すなわち重みづけした独立変数の和と誤差項によって表現されるという特徴をもつ。このように変数の間に線形関係を想定する点で，分散分析は回帰分析などと同様，**一般線形モデル**とも呼ばれる（岩間（2006）ほか）。

　分散分析では，線形関係を用いて，従属変数の分散の分子である $\sum_{i=1}^{N}(Y_i - \bar{Y})^2$ を独立変数によって説明できる部分と，説明できずに残る誤差に分割し，両者の比（F比）を求めることによって，独立変数の説明力を **F検定**する。言い換えれば，従属変数全体の分散のうち，どれだけが独立変数による効果の分散として説明でき，どれだけが説明されないまま誤差として残るのかに分解していく。その際，各観測個体（対象者）が J 個の群（独立変数の値）に属することに注目し，群の内部の分散（級内分散）に比べて群の間の分散（級間分散）が十分大きいかを F 比で評価することで，独立変数の効果（群所属の効果）があったかを検討す

15

ることになる。

これを図示したものが，図2.1aと図2.1bである。図2.1aでは級内分散が大きいのに対して，級間分散が小さいので，群所属の効果である独立変数の影響が小さい場合を示している。他方，図2.1bは逆に級内分散が小さく，級間分散が大きいので，群所属の効果である独立変数の影響が大きい場合を示している。

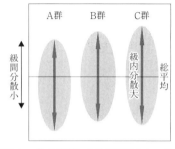 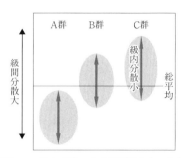

図2.1a　独立変数による影響が小さい状態　　図2.1b　独立変数による影響が大きい状態
(出典) 片瀬・阿部・高橋 (2015: 130)

このように，分散分析では級内分散の大きさを考慮しつつ級間分散の大きさを検討することになる。そのため，分散分析では，以下の手順で複数の平均の差の検定が行われることになる（片瀬・阿部・高橋 2015: 130-131）。

○分散分析のステップ

ステップ1　観測値をもとに，標本全体の総平均と独立変数のカテゴリーごとの群平均を計算する。帰無仮説の下，これらの群平均はすべて等しいと仮定される。

ステップ2　観測値全体のばらつき（全平方和）を，独立変数の群効果によるばらつき（級間平方和）とそれ以外の効果（誤差）によるばらつき（級内平方和）とに分解する。

ステップ3　級間平方和，級内平方和をそれぞれの自由度で割って，級間平均平方（級間分散），級内平均平方（級内分散）を求める。

ステップ4　級間平均平方を級内平均平方で割って，F比を求める。このF比が，F分布において任意のα水準の限界値を超えている場合には，帰

第2章　多変量解析の考え方（1）――二元配置の分散分析

無仮説を棄却し，対立仮説を採択する。

1.2　群所属の効果と誤差

　ここで，本書で用いるデータをもとに群所属の効果と誤差を例示しよう。第7回「青少年の性行動全国調査」では，家族適応の度合（水準）が青少年の性行動に影響をもつことが指摘されてきた。とりわけ女子において家庭を「楽しくない」と考える者ほど街遊びの頻度が多く，性的誘惑などの被害にあいやすいという（石川 2013: 67）。

　そこで，家族適応と男女交際の活発さの関係をみるため，以下の手順で分析を行った。まず，第7回「青少年の性行動全国調査」から，高校生女子について，家庭を「楽しい」と答えた者を「高適応」，「どちらともいえない」とした者を「中適応」，「楽しくない」と答えた者を「不適応」とした。次に，この家族適応の度合（水準）ごとに，これまで交際したことのある相手の人数（ただし6人以上は6人としてある）を集計した。その結果は表2.1に示した。また，この3つの家族適応の度合（水準）ごとの平均交際人数を**群平均** μ_j と呼ぶ。これに対して，全体の欄の平均交際人数は，**総平均** μ と呼ばれる。

表2.1　家族適応の水準と交際人数：高校生女子

	家族適応の度合			全　体
	高適応	中適応	不適応	
平均交際人数（群平均）	1.938	2.077	3.037	2.058
分　散	3.683	4.152	4.678	3.971
度　数（N）	949	495	107	1551

　ここで群 j に属する**群効果** α_j とは j 群の平均から総平均を引いたものである。たとえば，高適応の群に属することの効果は，この群の平均値1.938から総平均2.058を引いた-0.120であり，家族に適応している場合，交際人数が総平均に比べ0.120人減ることになる。したがって，群効果 α_j は，$\alpha_j = (\mu_j - \mu)$ となる。

　ただし，同じ群に属していても，交際人数は一様ではない。分散をみればわかるように，特に不適応群で交際人数のばらつき（分散）が大きい。すなわち，同じ群に属していても従属変数の値にはばらつきがあり，これが誤差の効果，つ

17

まり独立変数によって説明できなかった**誤差項** e_{ij} となる。ここから j 番目の群に属する個体 i の観測値 Y_{ij} は以下の（2.1）式のようにあらわすことができる。

$$Y_{ij} = \mu + \alpha_j + e_{ij} \tag{2.1}$$

これを図示したものが図2.2である。まず、観測値を予測するための独立変数がない場合、もっとも誤差の少ない予測値は、各観測値からの距離の二乗和が最小となる平均値である。次にこの平均値に、独立変数（どの群に属しているか）がわかることで、その効果 α_j が加わり、さらにその群のなかで観測個体の示す誤差 e_{ij} が加わって観測値が決まると考えるのである。

図2.2 総平均・群平均・誤差の合計としての観測値の説明
（出典）片瀬・阿部・高橋（2015: 134）より筆者作成

【例題2.1】

以下の値を表2.1と（2.1）式を用いて（　）内を埋め、総平均・群効果・誤差に分解せよ。

（1）中適応群で交際人数3人　　3 =（　ア　）+ 0.019 +（　イ　）
（2）不適応群で交際人数4人　　4 = 2.058 +（　ウ　）+（　エ　）

ア　2.058　　イ　0.923　　ウ　0.979　　エ　0.963

第2章　多変量解析の考え方（1）——二元配置の分散分析

②　平方和の計算

2.1　全平方和の分割

　以上のような考え方に立てば，分散分析のステップ2，すなわち観測値全体のばらつき（全平方和）を，独立変数の群効果によるばらつき（級間平方和）とそれ以外の効果（誤差）によるもの（級内平方和）とに分解する作業は次のように行われることになる。

　まず，個々の観測値は，ある群に属することによる効果 α_j と，各観測値が郡内で独自の値を示すことによる効果（誤差）e_{ij} から成り立つと考えることができた。そして，総平均を $\bar{Y}$，J番目の群の平均を $\bar{Y}_j$ とすると，図2.2にも示されたように，α_j の推定値を $(\bar{Y}_j - \bar{Y})$，e_{ij} の推定値を $(Y_{ij} - \bar{Y}_j)$ とすることができる。これらを用いると（2.2）式が成り立つことになる。

$$Y_{ij} - \bar{Y} = \alpha_j + e_{ij} = (\bar{Y}_j - \bar{Y}) + (Y_{ij} - \bar{Y}_j) \tag{2.2}$$

　次に，（2.2）式の両辺を二乗し，すべての観測値について合計すると，（2.3）式が得られる（Nは標本数，Jは群の数，n_j は j番目の群の標本数を示す）。

$$\sum_{i=1}^{N}(Y_i - \bar{Y})^2 = \sum_{j=1}^{J} n_j(\bar{Y}_j - \bar{Y})^2 + \sum_{j=1}^{J}\sum_{i=1}^{n_j}(Y_{ij} - \bar{Y}_j)^2 \tag{2.3}$$

全平方和 SS_{TOTAL} ＝級間平方和 $SS_{BETWEEN}$ ＋級内平方和 SS_{WITHIN}

　この（2.3）式の左辺は，総平均との偏差を二乗して合計したもので，**全平方和 SS_{TOTAL}** と呼ばれる。これは標本全体の分散を求める計算式 $s_Y^2 = \dfrac{\sum_{i=1}^{N}(Y_i - \bar{Y})^2}{N-1}$ の分子部分にあたる。

　また，この（2.3）式の右辺第1項である $\sum_{j=1}^{J} n_j(\bar{Y}_j - \bar{Y})^2$ は，**級間平方和 $SS_{BETWEEN}$** と呼ばれる。この級間平方和は，独立変数のカテゴリー（群）ごとの平均と総平均の差を二乗して合計した平方和である。これは，群所属の効果に関する平方和であり，独立変数による影響の大きさを示している。この級間平方和につ

19

いては，総平均と各群平均，および群ごとの標本数 n_j がわかれば，求めること
ができる。

他方，(2.3) 式の右辺第 2 項である $\sum_{j=1}^{J}\sum_{i=1}^{n_j}(Y_{ij}-\bar{Y}_j)^2$ は，**級内平方和**に相当す
るものといえる。したがって，それらの平方和を自由度で割ることによって，級
間平均平方（級間分散）と級内平均平方（級内分散）を求めることができる。

2.2 級間平均平方と級間平均平方

このうち前者の**級間平均平方**（$MS_{BETWEEN}$）は，独立変数の効果による群ごと
のばらつき（級間分散）を示す値であり，(2.4) 式のように級間平方和を自由度
$J-1$ で割ることによって求められる。級間分散の自由度が $J-1$ であるというこ
とは，総平均が決まっているなら j 番目の群平均も必然的に決まってしまうこと
を考えれば理解できるだろう。

$$MS_{BETWEEN}=\frac{SS_{BETWEEN}}{J-1} \tag{2.4}$$

これに対して**級内平均平方**（MS_{WITHIN}）は，独立変数以外の要因による誤差の
分散（級内分散）を示す値であり，(2.5) 式のように級内平方和を自由度 $N-J$
で割ることによって求められる。級内分散の自由度については，J 個の群ごと
にそれぞれ n_j-1 の自由度があり，それらの合計が $N-J$ であることから説明で
きる。

$$MS_{WITHIN}=\frac{SS_{WITHIN}}{N-J} \tag{2.5}$$

③ F 値による複数の平均の差の検定

3.1 F 比の計算

複数の平均の差を検定する際に用いられる検定統計量は **F 比**（F 値）と呼ばれ，
(2.6) 式に示したように，級内平均平方（級内分散）に対する級間平均平方（級
間分散）の比のかたちで求められる。これは，級内分散（誤差分散）を基準にし

第 2 章 多変量解析の考え方（1）——二元配置の分散分析

て，独立変数の効果（級間分散）の大きさを示している数値といえる。

$$F = \frac{MS_{BETWEEN}}{MS_{WITHIN}} \tag{2.6}$$

したがって，この F 比が大きいほど，級間分散は級内分散に比べて大きく，冒頭の図2.1b に示したように，群の間の差が大きく，複数の平均に差があることになる。

3.2 F分布による検定

この F 比は，帰無仮説（独立変数による効果はない）のもとで，分子の自由度 ν_1（ニュー）$= J - 1$，分母の自由度 $\nu_2 = N - J$ の F 分布に従うことが知られている。そこで，F 分布表（付表 A - 1（$\alpha = 0.05$）と A - 2（$\alpha = 0.01$））を利用して，独立変数の効果に関する **F 検定** を行うことができる。そして，観測値をもとに計算された F 比が，任意の α 水準の限界値よりも大きければ，帰無仮説を棄却し，独立変数の効果を支持することができる。なお，分散分析における対立仮説は，級間分散が級内分散より大きいというものだから，片側検定が行われる。

○ F 分布表の見方（この検定に用いる F 分布表は次のように利用する）

①検定を行う有意水準 α に対応する表を選ぶ。

②分子の自由度を行（ν_1）に，分母の自由度を列（ν_2）にとり，両者が交わる欄の値を限界値（c.v.）とする。自由度の欄に対応する値がない場合は，その自由度よりも小さく近い値を用いて近似させる。

③F 比が限界値を超えていた場合には，帰無仮説を棄却する。実際，SPSS で先の高校生女子の家族適応の度合（水準）と交際人数の関係について一元配置の分散分析を行えば，以下の**分散分析表**が出力される。

	平方和	自由度	平均平方	F 値	有意確率
グループ間	116.512	2	58.256	14.935	.000
グループ内	6038.265	1548	3.901		
合計	6154.778	1550			

21

【例題2.2】

実際に先の分散分析表をもとに F 比を確認せよ。

（1）級間平方和を自由度（$J-1$）で割って級間平均平方を求めよ。

$$MS_{BETWEEN} = \frac{SS_{BETWEEN}}{J-1} = （　オ　）\div 2 = （　カ　）$$

（2）級内平方和を自由度（$N-J$）で割って級内平均平方を求めよ。

$$MS_{WITHIN} = \frac{SS_{WITHIN}}{N-J} = （　キ　）\div 1548 = （　ク　）$$

（3）級間平均平方と級内平均平方の比から F 値を求めよ。

$$F = \frac{MS_{BETWEEN}}{MS_{WITHIN}} = （　ケ　）$$

4　二元配置の分散分析

4.1　交互作用項の導入

　これまでの分散分析は独立変数が1つであったが、独立変数が2つある分散分析は**二元配置の分散分析**という。SPSSで二元配置分散分析をするには、一元配置のように〔分析〕→〔平均の比較〕→〔一元配置の分散分析〕とすすむのではなく、〔分析〕→〔一般線型モデル〕→〔1変量〕とすすむ（詳しくはSPSSのマニュアル（村瀬ほか 2007: 108-118; 林ほか 2017: 117-120など）参照）。

　二元配置の分散分析では、2変数の効果の強さが比較できることに加えて、交互作用効果を扱うことができる。**交互作用効果**とは、2つの独立変数の水準（値）の組み合わせによって従属変数の変化のパターンが異なることを意味する。つまり、2つの独立変数が関係をもちながら従属変数に効果をおよぼすことをいう。これに対して、個々の独立変数の効果は**主効果**と呼ばれる。

　たとえば、先の表2.1でみた家族適応の水準ごとの高校生の交際人数は、女子のみで平均値を計算してある。ここに男子も加えて入れて、男女別・家族適応

オ　116.512　　カ　58.256　　キ　6038.265　　ク　3.901　　ケ　14.934

別に平均交際人数を計算すると，以下の表2.2のような結果となる。

表2.2 性別・家族適応別に見た交際人数

性別	家族適応	交際人数	度数
男子	高適応	1.80	528
	中適応	1.75	384
	不適応	1.91	76
女子	高適応	1.94	949
	中適応	2.08	495
	不適応	3.04	107

この出力から男女別・家族適応別に交際人数をグラフにすると図2.3のようになる。

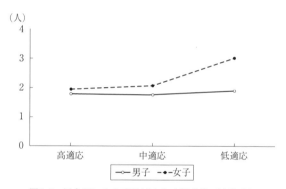

図2.3 男女別にみた家族適応と交際人数（高校生）

図2.3から明らかなように，男子の場合，家族適応によって交際人数は変わらないが，女子は高適応・中適応までは交際人数が2人程度であるものの，不適応になると3人を超え，際立って多くなる。つまり，女子という性別と家族への不適応が結びつくことによって，交際行動が活発化する。このような状態を性別と家族適応の水準に**交互作用**があるという。この交互作用の検定について，SPSSは次頁のような「被験者間効果の検定」結果を出力する。

そこで，これを整理して，モデル全体の有意性は表2.3のような分散分析表で報告すればよい。すなわち，表2.3のうち，SPSSの出力の修正モデルが級間要因（モデル）に，また誤差が級内要因（誤差）に対応している。また両者を合計

被験者間効果の検定

従属変数: 交際人数

ソース	タイプ III 平方和	自由度	平均平方	F 値	有意確率
修正モデル	162.302[a]	5	32.460	8.522	.000
切片	5201.814	1	5201.814	1365.688	.000
性別	84.696	1	84.696	22.236	.000
家族適応	57.986	2	28.993	7.612	.001
性別 * 家族適応	38.914	2	19.457	5.108	.006
誤差	9648.027	2533	3.809		
総和	19492.000	2539			
修正総和	9810.329	2538			

a R2 乗 = .017 (調整済み R2 乗 = .015)

表2.3 モデル全体の有意性検定

変動要因	平方和 (SS)	df	平均平方 (MS)	F値
級間 (モデル)	162.302	5	32.46	8.522***
級内 (誤差)	9648.027	2533	3.809	
全 体	9810.329	2538		
性 別	84.696	1	84.696	22.236***
家族適応	57.986	2	28.993	7.612**
性別×家族適応	38.914	2	19.457	5.108**

(注) ***: $p<0.001$ **: $p<0.01$

した修正総和が従属変数の変動全体を示すので，表2.3の全体の欄に記入する。

　この修正総和で級間要因（修正モデル）を割った値が出力の下部に示された R^2 であるが，これは独立変数によって従属変数の分散の何％が説明されたか示すものであり，この例では1.7％ということになる。

　また，表2.3からわかるように，交際人数には性別と家族適応の主効果に加えて，両者の交互作用の影響も有意になっている。今回の例では，図2.3に示したように，女子においてのみ不適応が交際人数を増加させているが，このような場合は**相乗効果**があるという。これに対して，2つの変数が全く違う方向に作用し，2つのグラフが交差するような交互作用もある。この場合は**相殺効果**の交互作用といわれる（石村 1992: 175）。この両者をグラフで示すと図2.4a，図2.4b のようになる。

24

第2章 多変量解析の考え方（1）――二元配置の分散分析

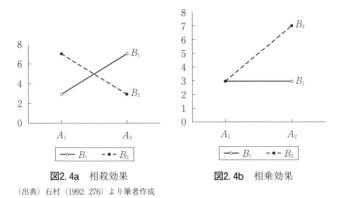

図2.4a 相殺効果　　　　図2.4b 相乗効果

（出典）石村（1992: 276）より筆者作成

4.2 二元配置分散分析の定式化

このような二元配置の分散分析は、どのように定式化されるのだろうか。一元配置の分散分析では、j 番目の群に属する個体 i の観測値 Y_{ij} は

$$Y_{ij} = \mu + \alpha_j + e_{ij} \tag{2.7}$$

と表現されていたが、二元配置では2番目の変数の効果 β_j、および交互作用項 $\alpha\beta_{ij}$ が加わり、群 j と群 k に属する i 番目の観測値（従属変数）Y_{ijk} は以下のように定式化される。

$$Y_{ijk} = \mu + \alpha_i + \beta_j + \alpha\beta_{ij} + e_{ijk} \tag{2.8}$$

ここで μ は、一元配置の場合と同様、総平均を表し、α_j と β_j は2つの変数の主効果、$\alpha\beta_{ij}$ が2変数の交互作用を表し、e_{ijk} は誤差項である。

ここで先の一元配置の (2.2) 式と同様、群 j と k に属する個人 i の観測値 Y_{ijk} と総平均との差を分解すると、以下の (2.9) 式のようになる（石村・石村 2008: 124）。

$$(Y_{jki} - \bar{Y}) = (Y_j - \bar{Y}) + (Y_k - \bar{Y}) + (Y_{jk} - \bar{Y}_j - \bar{Y}_k + \bar{Y}) + (Y_{jki} - \bar{Y}_{jk}) \tag{2.9}$$

一元配置の分散分析と同様、この式の両辺を二乗して合計すると、従属変数の分散の分子（全平方和）は、次のように分割される（石村・石村 2008: 125）。

$$\sum_{j=1}^{J}\sum_{k=1}^{K}\sum_{i=1}^{n_{jk}}(Y_{jki}-\bar{Y})^2 = \sum_{j=1}^{J}n_j(Y_j-\bar{Y})^2$$

$$+ \sum_{k=1}^{K}n_k(Y_k-\bar{Y})^2$$

$$+ \sum_{j=1}^{J}\sum_{k=1}^{K}n_{jk}(Y_{jk}-\bar{Y}_j-\bar{Y}_k+\bar{Y})^2$$

$$+ \sum_{j=1}^{J}\sum_{k=1}^{K}\sum_{i=1}^{n_{jk}}(Y_{jki}-\bar{Y}_{jk})^2 \qquad (2.10)$$

ここで，この式の右辺第1項は変数 α の主効果をあらわす級間平方和 SS_α，第二項は変数 β の主効果を示す級間平方和 SS_β，また第3項は変数 α と β の交互作用の変動 $SS_{\alpha\beta}$ を表している。これらが表2.3の下段3行第2列に書かれている平方和である。また，最後の項は誤差の変動 SS_e を表す。

なお，n_i, n_j はそれぞれ変数 α の i 番目，β の j 番目のカテゴリーに属する標本サイズである。この例では，α が性別であるため，本章23頁の表2.2の「度数」より，男子は $n_1 = 528 + 384 + 76 = 988$，また β が家族適応の水準であるため，たとえば高適応は $n_1 = 528 + 949 = 1477$ である。

次に，一元配置の場合と同様，この平方和を自由度で割ることによって，平均平方を求めることができる。それぞれの平方和の自由度（df）は以下のとおりである。

変数 α の平方和　$df = j-1$	変数 β の平方和　$df = k-1$
交互作用の平方和　$df = (j-1)(k-1)$	誤差変動の平方和　$df = N-jk$

したがって，表2.3の第2列の平方和（SS）を対応する自由度（df）で割ると，すなわち，表2.3の第4列にある4つの平均平方の値（MS）が得られる。

変数 α（性別）の平均平方　$MS_\alpha = \dfrac{\displaystyle\sum_{j=1}^{J}n_j(Y_j-\bar{Y})^2}{(j-1)} = \dfrac{84.696}{1} = 84.696$

第2章　多変量解析の考え方（1）——二元配置の分散分析

変数 β（家族適応）の平均平方　$MS_\beta = \dfrac{\sum\limits_{k=1}^{K} n_k(Y_k - \bar{Y})}{(k-1)} = \dfrac{57.986}{2} = 28.993$

交互作用（性別と家族適応）の平均平方

$$MS_{\alpha\beta} = \dfrac{\sum\limits_{j=1}^{J}\sum\limits_{k=1}^{K}(Y_{jk} - \bar{Y}_j - \bar{Y}_k + \bar{Y})^2}{(j-1)(k-1)} = \dfrac{38.914}{2} = 19.457$$

誤差変動の平均平方　$MS_e = \dfrac{\sum\limits_{j=1}^{J}\sum\limits_{k=1}^{K}\sum\limits_{i=1}^{nk_i}(Y_{jki} - \bar{Y}_{jk})^2}{N - jk} = \dfrac{9648.027}{2539} = 3.809$

　最後に検定統計量の F 値はそれぞれの変数，および交互作用の平均平方を誤差平方で割ることによって求められる。つまり，それぞれの効果が有意かどうかは，その変動（平均平方）が誤差変動（平均平方）の何倍あるかによって検討されることになる。

【例題2.3】

　今回の例では誤差（級内平均平方）が，表2.3の2行目第4列より $MS_e = 3.808$ となっているので，これで変数 α, β, 交互作用 $\alpha\beta$ の平均平方を割って F 値を求めよ。

（1）$F_\alpha = （\quad コ \quad） \div 3.809 = （\quad サ \quad）$

（2）$F_\beta = （\quad シ \quad） \div 3.809 = （\quad ス \quad）$

（3）$F_{\alpha\beta} = （\quad セ \quad） \div 3.809 = （\quad ソ \quad）$

　ここで得られた F 値を付表 A - 1 の F 分布表の限界値と比べると，いずれも $\alpha = 0.01$（1％）水準で有意であることがわかる。以上のことからみて，交際人数については，性別と家族適応の主効果が有意であると同時に，両者の交互作用効果も有意であり，図2.3からみて，男子より女子の方が家族に不適応を示すほど性行動も活発化することがわかる。

コ　84.696　　サ　22.236　　シ　28.993　　ス　7.612　　セ　19.457　　ソ　5.108

⑤　まとめ

　本章で学んだ分散分析とは，独立変数が１つの一元配置の場合，従属変数の
ばらつきを，独立変数の効果による分散（級間分散）とそれ以外の要因（誤差）
による分散（級内分散）とに分けたうえで，両者の比（F比）をもとに仮説検定
を行うものであった。そして，級間分散が級内分散と比べて有意に大きい場合
には，複数の平均には差があり，独立変数による効果があるという仮説が採択
された。

　こうした一元配置の分散分析を行う際には，まず総平均と群平均を計算して，
それをもとに各観測値を，総平均と群所属の効果，誤差の３要素に分けて捉え
る。次に全平方和（平均からの観測値の偏差の平方和）を級間平方和（総平均と群平
均の偏差の平方和）と級内平方和（観測値と群平均の偏差の平方和）に分割し，それ
ぞれの値の計算を行う。

　次に，級間平方和と級内平方和をそれぞれの自由度で割って平均化すること
によって，級間平均平方（級間分散）と級内平均平方（級内分散）の値を得る。こ
の級内平均平方に対する級間平均平方の比がF比であり，分散分析における **F
検定**の統計量である。そして最後に，他の統計的検定の手続きと同様，分散分
析においても，検定統計量のF値がある有意水準（通常は$\alpha = 0.05$，または$\alpha =$
0.01）の限界値を超えているときに帰無仮説を棄却し，対立仮説を採択すると
いう手続きがとられた。

　さらに，独立変数が２つある二元配置の分散分析では，こうした１つの変数
の主効果に加えて，２変数の交互作用の検討をすることができた。交互作用と
は，２変数の一方の水準によってもう一方の変数の効果が変化すること，ある
いは２つの独立変数が関係をもちながら従属変数に効果をおよぼすことを意味
していた。

　これに対して，個々の独立変数の効果は主効果と呼ばれた。この交互作用の
概念は，今後，ログリニア分析（本書第３章）や交互作用項をいれた重回帰分析
（本書第７章）で重要となるので，よく理解しておく必要がある。この交互作用

第2章　多変量解析の考え方（1）──二元配置の分散分析

の効果もまた F 分布を用いて検定することができた。

【学習課題】

Q2.1 表2.3は，高校生男子について表2.1と同様に，家族適応の度合（水準）によって交際人数に差があるかみるために，家族適応の水準ごとに交際人数の平均と分散を求めたものである。これをもとに（a）から（e）については，（　）内を埋め，また（f）のn, oについては（　）内にあてはまる語句を○で囲みながら，以下の手順で一元配置の分散分析を行え。

表2.3　家族適応の水準と交際人数：高校生男子

	家族適応の水準			全　体
	高適応	中適応	不適応	
平均交際人数（群平均）	1.796	1.753	1.908	1.787
分　　散	3.336	3.978	4.378	3.659
度　数（N）	528	384	76	988

（a）まず，全平方和 SS_{TOTAL} を求める。表2.3には全体の欄に高校生男子の交際人数の分散と標本サイズ（度数）が示されている。全平方和は分散（$S_Y{}^2 = \dfrac{\sum_{i=1}^{N}(Y_i - \bar{Y})^2}{N-1}$）の分子であるから，これに（$N-1$）をかけると全平方和となる。そこで，

$$SS_{TOTAL} = \sum_{i=1}^{N}(Y_i - \bar{Y})^2 = S_Y{}^2 \times (N-1) = (\quad a \quad) \times (\quad b \quad) = (\quad c \quad)$$

（b）次に，群平均と総平均の差をもとに，級間平方和を求める。それぞれの平均と標本サイズも表2.3に示されている。

$$SS_{BETWEEN} = \sum_{j=1}^{J} n_j(\bar{Y}_j - \bar{Y})^2$$

$$= (\quad d \quad) \times (1.796 - 1.787)^2 + 384 \times (1.753 - 1.787)^2$$

$$+ 76 \times ((\quad e \quad) - 1.780)^2 = (\quad f \quad)$$

（c）また，級内平方和は，全平方和と級間平方和の差から求めることがで

29

きる。

$$SS_{WITHIN} = SS_{TOTAL} - SS_{BETWEEN} = (\quad c \quad) - (\quad f \quad) = (\quad g \quad)$$

(d) ここまで $SS_{BETWEEN} = 1.599$，$SS_{WITHIN} = 3609.834$という計算結果が得られ
ている。これらの結果をもとに，級間平均平方，および級内平均平方を
求める。

$$MS_{BETWEEN} = \frac{SS_{BETWEEN}}{J-1} = (\quad f \quad) \div (\quad h \quad) = (\quad i \quad)$$

$$MS_{WITHIN} = \frac{SS_{WITHIN}}{N-J} = (\quad g \quad) \div (\quad j \quad) = (\quad k \quad)$$

(e) 最後に F 比を求め F 検定を行え。

$$F_{2,2537} = \frac{MS_{BETWEEN}}{MS_{WITHIN}} = \frac{(\quad i \quad)}{(\quad k \quad)} = (\quad l \quad)$$

(f) この自由度に対応した F 値の限界値（$\alpha = 0.5$とする）は c.v. $= (\quad m \quad)$ で
あるため，家族適応の 3 水準の間で交際人数に差はないという帰無仮説は
（棄却され・棄却されず）[n]，家族への適応によって交際人数には有意な差が
（ある・ない）[o] といえる。

Q2.2 高校生の交際人数には性別・家族適応による主効果に加えて，交互作用
効果がみられたが，中学生についても同様のことがいえるか。第 7 回「青少
年の性行動全国調査」のデータをもとに検討せよ。

Q2.3 高校生においては，とりわけ女子において家族に不適応を示すほど異性
との交遊関係を活発化させていた。高校生については，キス経験年齢につい
ても同様のことが言えるのだろうか。男子に比べ，女子の方が家族に不適応
を示すほどキス経験年齢が下がるのか，第 7 回「青少年の性行動全国調査」
のデータをもとに，二元配置分散分析で検討せよ。

第3章

多変量解析の考え方（2）
──カイ二乗検定からログリニア分析へ

本章の目標

クロス集計表とカイ二乗検定についての理解を確認したうえで，ログリニア分析について学習する。まず二重クロス表で独立モデルと飽和モデルについて学んだ後，三重クロス表におけるモデル選択について理解を深める。

キーワード クロス集計　カイ二乗検定　ログリニア分析（対数線形モデル）

1 離散変数の関係を分析する
──クロス集計──

1.1 クロス集計表の作成

前章で扱った分散分析は，離散変数を独立変数，連続変数を従属変数として，複数のグループの平均に差があるかを検討するものであった。ところが，社会調査において扱われる変数は離散変数がほとんどで，連続変数は限られている。第7回「青少年の性行動全国調査」の調査票をみても，厳密な意味で連続変数と呼べるのは年齢，性行動（デートやキスなど）の経験年齢，精通・初潮年齢，交際・性交相手の人数くらいで，あとは離散変数である。他の社会調査をみても，連続変数として扱えるのは，教育年数や年収，労働時間や同居人数などに限られる。医学統計や経済統計などと異なり，社会統計学で扱う変数は離散変数が多い。したがって，社会統計学の手法を身につけるうえでは，離散変数の扱いに習熟しておく必要がある。

こうした離散変数を用いた因果推論の基礎は，**クロス集計**にある。多変量解析を行う場合にも，それに先立ってしばしばクロス集計によって変数間の関係を探索的に検討することが多い。

クロス集計表とは，2つの離散変数を組み合わせて，その同時分布を示した

31

ものである（Knoke, Bohnstetd and Mee 2002: 139, 太郎丸 2005: 4）。次の表3. 1a, 表3. 1b は，家族適応（家族を「楽しい」という者を「高適応」，「どちらともいえない」を「中適応」，「楽しくない」を「不適応」とした）とデート経験の有無との関係を高校生の男女別に示したものである。

表3. 1a　高校生男子の家族適応とデート経験：百分率クロス表　　（%）

| 家族適応 | デート経験 | | 合　計 |
	あ　る	な　い	
高適応	58. 6	41. 4	100. 0
中適応	53. 0	47. 0	100. 0
不適応	54. 5	45. 5	100. 0
全　体	56. 1	43. 9	100. 0

表3. 1b　高校生女子の家族適応とデート経験：百分率クロス表　　（%）

| 家族適応 | デート経験 | | 合　計 |
	あ　る	な　い	
高適応	57. 7	42. 3	100. 0
中適応	59. 6	40. 4	100. 0
不適応	78. 9	21. 1	100. 0
全　体	59. 8	40. 2	100. 0

　この２つの表から明らかなように，男子では家族適応の度合いによってデート経験率にあまり差がないが，女子では高適応・中適応ではほとんど差がないが，不適応では８割近い経験率を示し，際立って高くなる。前章の分析と同様，ここでも女子において家族に適応していないほど，性行動が活発化するという仮説が当てはまるようにみえる。しかし，そう結論づけるためには，統計的検定——クロス集計表の場合は**カイ二乗検定**をして，両者の関係が統計的にみて有意なものか検討する必要がある。

1.2　カイ二乗検定

　カイ二乗検定を行うには，まず以下の（3. 1）式より，「２変数は関係がない」という帰無仮説，すなわち２変数は統計的に独立しているという仮定の下で期待される度数 $\hat{f}_{ij}$ を求める（この式で $f_{i.}$ は i 行目の行周辺度数，$f_{.j}$ は j 列目の列周辺素数，また N は標本数を意味する。）。

$$\hat{f}_{ij} = \frac{f_{i.} \times f_{.j}}{N} \tag{3.1}$$

　次に，この期待値と観測値との差（期待値と観測値との距離・乖離にあたる）を求め（この値が大きいほど，観測値は統計的独立の状態から離れていることになる），二乗して正の値にする。次にこの値を期待度数で割って標準化してから，行と列

第3章　多変量解析の考え方（2）——カイ二乗検定からログリニア分析へ

について足しあわせると，χ^2 値となる（（3.2）式参照）。

$$\chi^2 = \sum_{}^{r}\sum_{}^{c} \frac{(\hat{f}_{ij} - f_{ij})^2}{\hat{f}_{ij}} \tag{3.2}$$

ところで，クロス集計表の自由度は，行の数を r，列の数を c とすると $df = (r-1) \times (c-1)$ である。そこでカイ二乗分布表（付表B）で，この自由度と有意水準（α, 通常は $\alpha = 0.05$ とする）の対応するセルにある限界値をみつけ，上で求めた検定統計量の χ^2 値が限界値を上回っていたら，「2つの変数は独立している（関係がない）」を棄却し，「2つの変数は関連している」と結論づけることとなる。

この手順を説明するために，以下の表3.2a，表3.2b は，先の百分率クロス表3.1a，表3.1b のもとになった度数クロス表を示したものである。

表3.2a 高校生男子の家族適応とデート経験：度数クロス表 （人）

家族適応	デート経験		合　計
	あ　る	な　い	
高適応	312	220	532
中適応	205	182	387
不適応	42	35	77
全　体	559	437	996

表3.2b 高校生女子の家族適応とデート経験：度数クロス表 （人）

家族適応	デート経験		合　計
	あ　る	な　い	
高適応	546	400	946
中適応	297	201	498
不適応	86	23	109
全　体	929	624	1553

これをもとに（3.2）式から，統計的独立の仮定（2変数が関連してないという帰無仮説の状態にあたる）のもとでの期待度数 $\hat{f}_{ij} = \dfrac{f_{i.} \times f_{.j}}{N}$ を求める。次に（3.3）式によりカイ二乗値を求めると，男子は $\chi^2 = 3.015$ となり，女子は $\chi^2 = 18.256$ となる。

【例題3.1】

この検定統計量をもとに以下の手順でカイ二乗検定を行え。

（1）表3.2a，表3.2b とも（　ア　）行，（　イ　）列のクロス集計表であるため，自由度は $df =$（　ウ　）である。

ア 3　　イ 2　　ウ 2

33

（2）この自由度で $\alpha=0.05$ に対応した限界値は，付表 B より，c.v. ＝（　エ　），
$\alpha=0.01$ に対応した限界値は c.v. ＝（　オ　）となる。

（3）したがって，男子の場合，5％水準でも帰無仮説「家族適応とデート経
験は関係しない」は（棄却され・棄却されず）[カ]，家族適応とデート経験は
（関連する・関連しない）[キ]。他方，女子は1％水準でみても両者は（関連
する，関連しない）[ク]。なお，SPSS でクロス集計を行い，カイ二乗値を統
計量に含めると以下のような出力がなされる。

カイ 2 乗検定

問1 (b)	性別	値	自由度	漸近有意確率 (両側)
男子	Pearson のカイ 2 乗	3.015	2	.222
	尤度比	3.014	2	.222
	線型と線型による連関	2.166	1	.141
	有効なケースの数	996		
女子	Pearson のカイ 2 乗	18.256	2	.000
	尤度比	19.727	2	.000
	線型と線型による連関	11.400	1	.001
	有効なケースの数	1553		

このうち通常のカイ二乗検定では，ピアソンのカイ二乗値を表記するのが一
般的である。他方，次の行には尤度比カイ二乗値が示される。ピアソンのカイ
二乗値が独立性，すなわち観測度数と期待度数の差にもとづくのに対して，尤
度比カイ二乗値は尤度比，つまり観測度数と期待度数の比を対数変換して求め
られる検定統計量である（(3.3) 式参照）。

$$G_L{}^2 = 2\sum_{i=1}^{r}\sum_{j=1}^{c} n \log_e \frac{f_{ij}}{f_{ij}} \tag{3.3}$$

この尤度比カイ二乗値はピアソンのカイ二乗値と近似した値を取るが，デー
タ分析上，便利な性質を有しているともいわれている（原 1983; 松田 1988）。実
際，のちに紹介するログリニア分析においてモデルの適合度を比較するときに

エ　5.991　　オ　9.210　　カ　棄却されず　　キ　関連しない　　ク　関連する

第3章　多変量解析の考え方（2）──カイ二乗検定からログリニア分析へ

は，ピアソンのカイ二乗値（χ^2）ではなく，尤度比カイ二乗値（G^2）を用いるのが一般的である（太郎丸 2005: 127）。

② 二重クロス表へのログリニア分析

こうしたクロス集計表の分析に本書第2章でみてきた分散分析のような線形モデルを適用することによって，交互作用の所在を明らかにしたり，もっとも適切な因果モデルを選択する手法がある。それが**ログリニア分析**である。

以下では変数間に関係のないことを仮定する独立モデルからはじめて，すべての変数の間に関連を仮定する飽和モデルを検討する。

2.1　独立モデル

2変数間に関係がないことを仮定する独立モデルは，カイ二乗検定の帰無仮説である統計的独立に相当する。ログリニア分析とは，クロス集計表の度数を対数変換することによって，分散分析と同様，要因間の関係に関する線形結合からなるモデルをクロス集計表に当てはめる手法である。そこでまず統計的独立のもとでの期待値を求める式から，ログリニアモデル（対数線形モデル）の線形式を導出してみよう。

先に示したように統計的独立の仮定のもとで期待値を求める式は，以下の（3.1）式であった。

$$\hat{f}_{ij} = \frac{f_{i.} \times f_{.j}}{N} \tag{3.1}$$

この式ではまだ $\hat{f}_{ij}$ は周辺度数の積を用いて示されている。これを周辺度数の和の関数（分散分析と同じ線形結合の式）で表現しなおすためには，この（3.1）式の両辺を対数変換すればよい。対数変換すると積は和に，商は差になるので，（3.1）式は（3.4）式に書き換えられる。

$$log_e \hat{f}_{ij} = log_e f_{i.} + log_e f_{.j} - log_e n \tag{3.4}$$

この式を行，および列について合計すると（ここで r は行数，c は列数），

35

$$\sum_{j=1}^{c}\log_e \hat{f}_{ij} = c\sum_{i=1}^{r_j}\log_e f_{i\cdot} + r\sum_{j=1}^{c}\log_e f_{\cdot j} - \log_e n \tag{3.5}$$

この式の項を書きかえると（書きかえの手順は（海保 1986: 80-81）などを参照），(3.6) 式のように，分散分析と同じような線形式が得られる。

$$log_e \hat{f} = \lambda + \lambda_i^A + \lambda_j^B \tag{3.6}$$

この (3.6) 式が，二重クロス表の度数の対数に関する線形モデル，すなわちログリニアモデルである（海保 1988: 80-81; Everitt［1970］1980: 85）。この式の λ, λ_i^A, λ_j^B を**パラメータ**というが，これに関しても分散分析と同様の用語が用いられ，λ は全平均効果，λ_i^A は行変数の主効果，λ_j^B は列変数の主効果を表すパラメータと呼ばれる。

そして，変数間の関係を記述するために，関連という用語に替えて，分散分析と同様，交互作用という語を用いる。たとえば，2 変数間の関連は一次の交互作用，3 変数間の関連は二次の交互作用と呼ばれる（Everitt［1977］1980: 81-85）。なお (3.6) 式で示したモデルは，2 変数の効果の間に交互作用（関連）を仮定していないので**独立モデル**と呼ばれる。

ここで先にみた高校生男子における家族適応とデート経験の関係について独立モデルでログリニア分析をしてみよう。SPSS で必要な指定をして（その手順については，村瀬ほか（2007: 229-328）などを参照），分析を行うと以下のような結果が出力される。

セル度数と残差

家族適応3	デート経験	観測		期待		残差	標準化残差
		度数	%	度数	%		
高適応	あり'	312.000	31.3%	298.582	30.0%	13.418	.777
	なし	220.000	22.1%	233.418	23.4%	-13.418	-.878
中適応	あり'	205.000	20.6%	217.202	21.8%	-12.202	-.828
	なし	182.000	18.3%	169.798	17.0%	12.202	.936
不適応	あり'	42.000	4.2%	43.216	4.3%	-1.216	-.185
	なし	35.000	3.5%	33.784	3.4%	1.216	.209

第3章　多変量解析の考え方（2）――カイ二乗検定からログリニア分析へ

　交互作用のない独立モデルについては，セル度数（観測度数と統計的独立の仮定のもとでの期待度数）と残差（観測度数と期待度数の差），およびそれを期待度数で標準化した残差が出力される。標準化残差は以下の（3.7）式で求められ，モデルが母集団で真のとき標準正規分布に従う。

$$\hat{Z} = \frac{f_{ij} - \hat{f}_{ij}}{\sqrt{\hat{f}_{ij}}} \tag{3.7}$$

　したがって，標準正規分布に注目すると，標準化残差が±1.96を超えた場合，そのセルにおける観測度数と期待度数の差，すなわち残差の大きさは5％水準で有意であることになる。上記の計算結果では標準化残差が±1.96以内におさまっているが，標準化残差が±1.96を超えるセルが何らかの傾向性をもってみられる場合，モデルの適合度を高めるためにパラメータを追加することを検討した方がよい。

　これに次いで以下の適合度検定のためのカイ二乗値が出力される。

適合度検定

	カイ 2 乗	自由度	有意確率
尤度比	3.014	2	.222
Pearson	3.015	2	.222

　この結果によれば，ピアソンのカイ二乗値でみても，尤度比カイ二乗値でみても，2変数の独立性を仮定するモデルは5％水準で棄却されない。つまり，先にカイ二乗検定でみたように，男子の場合，家族適応の度合いとデート経験には関連がないことになる。

　ここで注意すべきことは，カイ二乗検定では統計的独立の仮定の下でカイ二乗値を計算し，それが一定の大きさ（限界値）を超えると，帰無仮説となる統計的独立の仮定を棄却し，2変数は統計的に関連していると結論づけるのに対して，ログリニア分析では初めから独立のモデルを立て，それが採択されるか検討するという手順を踏むことである。このことはのちにふれる3変数間の関係を説明するモデルの選択において詳しく述べる。

2.2 飽和モデル

これに対して，先の（3.6）式に交互作用を示す項 λ_{ij}^{AB} が加わったモデルを考えることができる。すなわち，

$$log_e \hat{f}_{ij} = \lambda + \lambda_i^A + \lambda_j^B + \lambda_{ij}^{AB} \tag{3.8}$$

上の（3.8）式で示されたモデルは，2変数からなる二重クロス表におけるすべての効果（主効果二項と交互作用効果1つ）を含んでいるので，**飽和モデル**と呼ばれる。このモデルから交互作用効果 λ_{ij}^{AB} を取り除けば独立モデルになる。

しかし，飽和モデルから主効果（λ_i^A または λ_j^B）を除去することはできない。ログリニアモデルを構成する際には**階層規則**という規則に従うからである。階層規則とは，モデルの中に高次の効果（交互作用など）が含まれるときには，高次の作用のなかの変数によって構成された低次効果（主効果）は必ず含まれねばならない，という規則である（Everitt〔1977〕1980: 81-87）。したがって，この階層規則に従えば，交互作用項がモデルに含まれている場合，それを構成する主効果はモデルから除去できないことになる。

③ 三重クロス表へのログリニア分析

3.1 三重クロス表のモデル

三重クロス表にログリニアモデルを適用した場合，階層規則を適用しても，19のモデルが可能になる（原 1983）。しかし，盛山ら（1992）は，変数の種類を無視し，利用頻度の少ないモデルを取り除いて，三重クロス表で検討できるモデルを以下の5つに整理している。

（1）飽和モデル

独立性をいっさい仮定せず，3変数がすべて関連していると仮定するモデル。3変数を A，B，C とすると〔ABC〕と表記される。ただし，階層規則にしたがって，下位の関連である〔AB〕〔BC〕〔AC〕，および主効果の〔A〕〔B〕〔C〕は含まれることになる。このモデルでは，期待度数と観

測度数は一致し，自由度は0となるので，検討の対象と対象とはならない。

(2) 均一連関モデル（対連関モデル）

3変数のうち，任意の2変数における関連の仕方が，もう1つの変数のカテゴリー（水準）で一定であることを仮定するモデル。式で表すと(3.9)式となり，因果図式で示すと図3.1のようになる（藤原 2015）。

$$\log_e f_{ijk} = \lambda + \lambda_i^A + \lambda_j^B + \lambda_k^C + \lambda_{ij}^{AB} + \lambda_{ik}^{AC} + \lambda_{iK}^{BC} \tag{3.9}$$

同じく変数名を使うと，〔AB〕〔BC〕〔AC〕と表記される。この場合も，階層規則にしたがって，3つの主効果〔A〕〔B〕〔C〕が含まれることになる。

また期待度数は観測値の周辺度数から代数的に求められないため，反復推定によって求められる。自由度は各変数のカテゴリー（水準）数をI, J, Kとすると，$(I-1)(J-1)(K-1)$である。

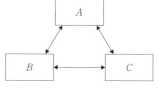

図3.1 均一連関モデル

(3) 条件付き独立モデル

AとBの間には関連を仮定せず，AとC，BとCの間には関連を仮定するため，〔AC〕〔BC〕と表記される（ただし〔AC〕〔AB〕，〔AB〕〔BC〕というモデルもありうる）。

これも式で表すと (3.10) 式となり，因果図式で示すと図3.2のようになる（藤原 2015）。自由度は$I(J-1)(K-1)$である。

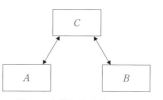

図3.2 条件付き独立モデル

$$\log_e f_{ijk} = \lambda + \lambda_i^A + \lambda_j^B + \lambda_k^C + \lambda_{ij}^{AC} + \lambda_{ik}^{BC} \tag{3.10}$$

(4) 1変数独立モデル

変数Cは変数A, Bの組み合わせから独立していることを仮定するモデル。AとBの間には関連を仮定するが，Cは独立していると考えられるので，〔AB〕〔C〕と表記される。この場合，式は (3.11) 式となり，因果図

式は図3.3で（藤原 2015），自由度は（$IJ-$ 1）（$K-1$）である。

$$\log_e \hat{f}_{ijk} = \lambda + \lambda_i^A + \lambda_j^B + \lambda_k^C + \lambda_{ij}^{AB} \qquad (3.11)$$

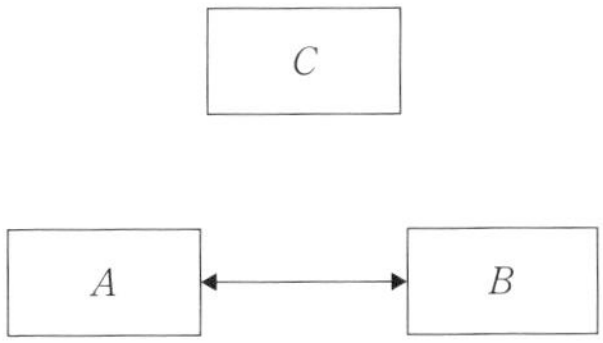

（5）3変数独立モデル

3つの変数が統計的に独立していることを仮定するモデル。3変数が独立しているので，〔A〕〔B〕〔C〕と表記される。式は（3.12）式となり，変数間の関連を示す交互作用項は消える。因果図式も図3.4のように，A，B，C の間に関連はなくなり，互いに独立となる（藤原 2015）。また，自由度は（$IJK -I-J-K+2$）である。

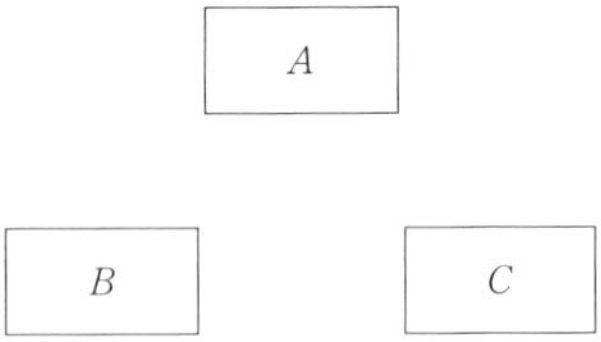

C

A ⟷ B

図3.3　1変数独立モデル

A

B　　　　　C

図3.4　3変数独立モデル

$$\log_e \hat{f}_{ijk} = \lambda + \lambda_i^A + \lambda_j^B + \lambda_k^C \qquad (3.12)$$

3.2　モデルの選択の基準

このように三重クロス表については，いくつかのモデルがたてられるので，どのモデルがもっとも適合するかを検討する必要がある。その際の基準としては，以下のものが挙げられている（原 1983; 盛山ほか 1991; 太郎丸 2005; 廣瀬 2007など）。

（1）尤度比カイ二乗値が，一定の水準（通常 $\alpha=0.05$）の限界値を超え，モデルが採択されること。

三重クロス表の場合，尤度比カイ二乗値は，

$$G_L{}^2 = 2 \times \sum_{i=1}^{I} \sum_{j=1}^{J} \sum_{k=1}^{K} f_{ijk} \times ln \frac{f_{ijk.}}{\hat{f}_{ijk}} \qquad (3.13)$$

である。そこで，上記で説明した自由度と有意水準から限界値を求めて，尤度比カイ二乗値と比較し，この限界値より大きい場合には，モデルが採択

第3章　多変量解析の考え方（2）──カイ二乗検定からログリニア分析へ

されることになる。つまり，カイ二乗検定では帰無仮説を立て，これを棄却することで対立仮説を採択したが，ログリニア分析ではモデルを複数たて，そのなかから採択できるモデルを探求していくことになる。

（2）個々の観測度数と期待度数の適合度が高い（両者の乖離が少ない）こと。

　　　具体的には，二重クロス表の独立モデルの分析（本章2.1参照）でみたように，調整残差が±1.96を超えないことを意味する。

（3）モデルを構成する要素が必要最低限であること。

　　　このことを確かめるためには，尤度比カイ二乗値 G^2 を用いて以下のことを確かめればよい。

　①モデルから特定の要因を除去したとき，期待度数への適合の度合いが有意に低下すること（＝G^2 が増大する）

　②モデルに特定の要因を追加しても，期待度数への適合の度合いが有意に改善されないこと（＝G^2 が減少しない）

　　　この方法は尤度比テストとよばれ，のちに具体的な方法を例示する。

（4）AIC が小さいこと。

　　　赤池情報量基準（AIC）は以下の式で定義される統計量であり，尤度比カイ二乗値 G^2 を自由度 df で調整したものであるから，この値が小さいモデルを最適とすることができる。

$$AIC = G^2 - 2 \times df \tag{3.14}$$

3.3　モデルの選択の実例

　第7回「青少年の性行動全国調査」のデータを分析した石川（2013）によれば，特に高校生女子において家族に不適応を示す者（家族を「楽しくない」と「する者」）において，街遊びをする者が多く，また性交経験や性的被害を経験する者が多いという。そこで以下では性交経験の有無（S）と家族適応（F：「楽しい」＝1，「どちらともいえない」「楽しくない」＝2）と街遊び頻度（C：「ほとんど毎日」〜「週1回」＝1，「月1回」〜「ほとんどしない」＝2）の3変数を用いてログリニア分析を行った。

41

SPSSのマニュアル（村瀬ほか 2009: 328; 寺島 2018: 165-195）によれば，ログリニアを実行するには［一般］（一般的なログリニア），［ロジット］（ロジット分析），［モデル選択］の3つのサブメニューが用意されているが，今回はモデルを指定して分析し，その結果を比較することで最も適合するモデルを選ぶので，［モデル選択］をえらび，左図のように表示されるボックスの「一度に投入」をチェックしておく（規定値である「変数減少法を使用」では，投入した項の組み合わせから尤度比を基準に項を削除した簡潔なモデルによる結果だけが出力される）。

　次に，家族適応と街遊び［FC］，家族適応と性交経験〔FS〕，街遊びと性交経験〔CS〕の関連を仮定した均一連関モデルを検討するには，上の図の右上の〔モデル〕を押し，モデルの指定を［飽和モデル］から［ユーザーによる指定］に変更してから，以下のように交互作用項を左の〔因子〕のボックスから組み合わせて選ぶ。均一連関モデルについては，〔モデル〕で3つの変数のうち2つずつを組み合わせた交互作用項を指定すればよい（〔モデル〕をえらび，〔因子〕にある3つの変数を選択して〔項の構築〕で種類を〔2次まで〕として生成クラスに追加する）。

第3章　多変量解析の考え方（2）——カイ二乗検定からログリニア分析へ

　これで「対数線型モデルの選択」のボックスに戻って〔OK〕を押して実行すると，均一連関モデルについては，以下のようなセル度数と残差（標準化残差）および適合度検定の結果が出力される。

セル度数と残差

家族適応	街遊び頻度	性交経験	観測 度数	%	期待 度数	%	残差	標準化残差
適応	活発	あり	118.000	7.6%	113.497	7.4%	4.503	.423
		なし	215.000	13.9%	219.503	14.2%	-4.503	-.304
	不活発	あり	101.000	6.5%	105.505	6.8%	-4.505	-.439
		なし	509.000	33.0%	504.495	32.7%	4.505	.201
不適応	活発	あり	99.000	6.4%	103.503	6.7%	-4.503	-.443
		なし	141.000	9.1%	136.497	8.8%	4.503	.385
	不活発	あり	89.000	5.8%	84.495	5.5%	4.505	.490
		なし	271.000	17.6%	275.505	17.9%	-4.505	-.271

適合度検定

	カイ2乗	自由度	有意確率
尤度比	1.160	1	.281
Pearson	1.162	1	.281

　まず標準化残差をみるといずれも±1.96以内におさまっていて，モデルと実測値の乖離は少ない。その下の適合度検定からも，尤度比カイ二乗値は0.281で，有意水準5％をこえており，このモデルは棄却することができない。

　以下同様にして，これをもとに本章3.1と3.2に示したモデルの統計量を計算すると表3.3のようになる。このうち尤度比カイ二乗値の有意水準 G^2 が5％を超え，棄却できないモデルは太字で示してある。つぎにこれらのモデルから最適なモデルを AIC を用いて選択する。なお AIC は SPSS から出力されないので，

(3.14) 式を用いて計算することになる。この AIC の値は表3.3のいちばん右の列に示した。

【例題3.2】

モデル H_3 と H_7 について AIC（ケ）と（コ）を求めよ。

表3.3 女子高校生の性交経験に関するログリニア分析

No.	モデル			モデル適合			
				G^2	df	p	AIC
H_1	均一連関モデル	〔FC〕	〔FS〕〔CS〕	1.16	1	0.281	−0.840
H_2	条件付独立モデル	〔FC〕	〔FS〕	59.745	2	0	55.745
H_3			〔FC〕〔CS〕	11.383	2	0.003	（ ケ ）
H_4		**〔FS〕**	**〔CS〕**	2.546	2	0.280	−1.454
H_5	一変数独立モデル	〔FC〕	〔S〕	72.023	3	0	66.023
H_6		〔FS〕	〔C〕	63.185	3	0	57.185
H_7		〔CS〕	〔F〕	14.823	3	0.002	（ コ ）
H_8	独立モデル	〔F〕	〔S〕〔C〕	75.462	4	0	67.462

(注) S：性交経験　C：街遊び頻度　F：家族適応　N=1543

AIC をみると H_4 が AIC＝−1.454 ともっとも小さく望ましいモデルであることがわかる。このモデルは，表3.3にあるように〔FS〕〔CS〕の項からなるモデルであるから，家族への不適応〔F〕は性交経験〔S〕を促進していること，また〔CS〕も含んでることから街遊び〔C〕もまた性交経験を促進していることを意味している。その一方で，〔FC〕を含んでいないことから，家族不適応は街遊びと関連（交互作用）をもたないことになる。

④ まとめ

社会調査における変数には，連続変数よりも離散変数が多い。したがって，離散変数をもとに因果推論を行うことは，社会調査データの分析の枢要をなす。2

ケ　$11.383 - 2 \times 2 = 7.383$　　　コ　$14.823 - 2 \times 3 = 8.823$

第3章　多変量解析の考え方（2）——カイ二乗検定からログリニア分析へ

つの離散変数の関係を分析する基本的手法はクロス集計表分析であった。そして，変数関係が統計的にみて有意かどうかは，カイ二乗検定によって検討することになる。

　しかし，社会現象は複雑な要因が絡み合って生じていることが多いため，二重クロス表の分析だけでは限界がある。そこで三重クロス表，四重クロス表……とクロス集計表の変数を増やしていくことも可能だが，複雑なクロス集計表は読み取るのは困難であるし，標本サイズが小さいとセル度数が0または0に近い数も出現し，カイ二乗検定もできなくなる。このような場合に役立つのが，ログリニア分析であった。ログリニア分析は，二元配置の分散分析や，今後，学習する回帰分析系の手法と同様，線形モデルによって多重クロス表を分析し，尤度比カイ二乗値をもとに最適な線形モデルを探索する手法である。したがって，この分析手法を身につけることによって，社会調査データ分析の幅が大きく広がることになるだろう。

【学習課題】

Q3.1 表3.4は，大学生男子について居住形態（自宅生・一人暮らし）と性交経験の有無について度数クロス表を作成した結果を示している。

表3.4 居住形態と性交経験：大学生男子

（人）

居住形態	性交経験の有無		合　計
	あ　る	な　い	
自宅生	219	281	500
一人暮らし	259	175	434
全　体	478	456	934

（a）この表をもとに百分率クロス表を作成せよ。性交経験者が多いのは自宅生（親の家に住んでいる）と一人暮らしのいずれか述べよ。

（b）この表からピアソンのカイ二乗値と尤度比カイ二乗値を計算し，居住形態と性交経験の間に有意な関連があるかを $\alpha = 0.05$ で検討せよ。

45

Q3. 2 第7回「青少年の性行動全国調査」のデータを用いて，大学生男子について居住形態とアルバイト経験，および性交経験の関係についてログリニア分析を行い，尤度比カイ二乗値を計算し適合度を示せ。

　なお，居住形態は「自宅生」と「一人暮らし」の二値変数（「寮」「友人と」「親戚・兄弟と」「付き合っている人と」「その他」は非該当とする）とし，アルバイト経験（週アルバイト時間）」も，「ほとんどしない〜週8時間未満」を「アルバイト消極層」，「週8時間以上」を「アルバイト積極層」として分析を行え。

Q3. 3 Q3.2の各モデルについて，適合するモデルはどれか述べよ。

第4章

多変量解析の考え方（3）
——単回帰分析から重回帰分析へ

本章の目標
　連続変数として測定された独立変数と従属変数の間に線形関係のモデルをあてはめる回帰分析について説明する。回帰分析は，分散分析と同じ一般線形モデルの1つで，個々の独立変数がもつ効果の方向や大きさまでを詳しく検討する。単回帰分析から重回帰分析へ進みながら，理解を深めよう。

キーワード　一般線形モデル　重回帰分析　最小二乗法　多重共線性

1　回帰分析の考え方

1.1　回帰分析のモデル

　回帰分析は，独立変数と従属変数の間に線形関係のモデルがどれだけうまく当てはまるのかを検討する分析である。**線形関係**とは従属変数の値が独立変数の値に比例して変化する関係のことで，完全な線形関係が成り立てば，観測値を図示したときに個々の点が1つの直線上に並ぶことになる。例えば，本書の第1章では，年齢を独立変数，賃金を従属変数とした回帰分析の例が示されている。年齢と賃金の間に，「年齢に比例して賃金が上がる」という線形関係があてはまると予測できるからである。

　回帰分析では，独立変数との線形関係から従属変数の値をどれだけ予測（あるいは説明）できるかを検討するため，次のような標本予測式に基づいて分析を行う。

$$\hat{Y}_i = a + bX_i \tag{4.1}$$

　この予測式による直線を**回帰直線**と呼び（図1.1），$\hat{Y}_i$（ワイアイハット）はi番目の観測値における従属変数Yの予測値を，X_iはi番目の観測値における独立

47

変数 X の値を表している。また，a は回帰直線が縦軸（Y 軸）と交わる**切片**，b は**回帰係数**である。このうち b は回帰直線の傾きとなるため，X が1単位変化したときの Y の変化量を表している。このような，独立変数が1つだけの回帰モデルは**単回帰分析**と呼ばれる。

　また，連続変数である従属変数に対して，線形関係を当てはめて独立変数の効果を検討する分析は，本書第1章で述べたように，近年では**一般線形モデル**と呼ばれている。第2章で学習した分散分析と本章の回帰分析もそこに含まれるが，分散分析が独立変数の効果の有無（モデル選択）に着目しているのに対して，回帰分析は独立変数の効果の内容（回帰係数からわかる効果の方向や大きさ）に着目するものと整理することもできる。

　さて，実際に調査などから得られるデータでは，予測どおりにすべての観測値が回帰直線の上に並ぶわけではない。そのため，**回帰モデル**は，**誤差**（誤差項，あるいは残差項）である e_i を加えたものになる。

$$Y_i = a + bX_i + e_i \tag{4.2}$$

　誤差は，本書第1章の図1.2からもわかるように，予測値 $\hat{Y}_i$ と実際の観測値 Y_i のズレとして捉えることができる。

$$e_i = Y_i - \hat{Y}_i$$

回帰分析では，この誤差 e_i がもっとも小さな値になるように，切片 a や傾き b を推定する。その方法が**最小二乗法**である。具体的には，次の式で表現される誤差平方和（誤差の二乗和）を最小にするため，微分法と正規方程式を用いて計算する（詳しくは Bohrnstedt and Knoke（1988=1990），盛山（2004）などを参照）。

$$\sum_{i=1}^{N}(Y_i - \hat{Y}_i)^2 = \sum_{i=1}^{N} e_i^2 \tag{4.3}$$

これにより，切片 a と傾き b は次の式で計算できるようになる。$\bar{Y}$ と $\bar{X}$ はそれぞれ，Y の標本平均と X の標本平均である。

$$a = \bar{Y} - b\bar{X} \tag{4.4}$$

第 4 章　多変量解析の考え方（3）——単回帰分析から重回帰分析へ

$$b = \frac{\sum (X_i - \bar{X})(Y_i - \bar{Y})}{\sum (X_i - \bar{X})^2} \tag{4.5}$$

また，（4.5）式の分母と分子をそれぞれ $n-1$ で割ると，次のようになり，b を「X の分散に対する X と Y の共分散の比」として理解することもできる。

$$b = \frac{s_{XY}}{s_X{}^2} \tag{4.6}$$

1.2　分析例——SPSS による単回帰分析

2011年の第 7 回「青少年の性行動全国調査」データを分析した高橋（2013）は，恋愛や性の自由化が進んでも，それがリスクをともなう選択であればブレーキがかかってしまうとして，これを「性のリスク化」と呼んでいる。

ここでは，高橋と同様に，第 7 回「青少年の性行動全国調査」における「性イメージ」についての項目のうち，「性」や「セックス」という言葉について「楽しい」というイメージをもつか否かを 4 件法で尋ねた質問の回答を「性のリスク意識」の指標として分析しよう。分析する際は「楽しい＝ 1，どちらかといえば楽しい＝ 2，どちらかといえば楽しくない＝ 3，楽しくない＝ 4」と調査票上のコードをそのまま使っている。つまり，「楽しくない」というイメージをもつ者ほど，性のリスク意識が高いものとして扱う。

リスク意識を低下させる要因として，まず「友人との性についての会話（友人との会話）」を用いて分析してみる。性に関する友人との会話や情報交換によって性的関心が培われたり，リスクに対する免疫が獲得されると考えられる（高橋 2013: 58）。具体的な質問は，「あなたは，友人と，性の問題についてどの程度話しますか」と尋ね，3 件法で測定したものである。ここでは「よく話す＝ 3，たまに話す＝ 2，全然話さない＝ 1」のように調査票とは値が逆になるようリコードしている。

連続変数を用いたデータ分析では，このように，値が大きいことがどのような意味をもっているかを考慮して，概念の定義や分析上の変数名と齟齬がないように気をつけよう。なお，「友人との性についての会話」の質問に対する回答は，厳密には 3 つの選択肢の間が等間隔である保証はない。つまり，厳密にい

49

えば順序づけられる離散変数として測定されたものだが、ここでは等間隔であると仮定し、連続変数として扱っている。調査データで意識や態度を分析する場合には、このような扱いをするのが一般的である。ただし、今回は説明の簡略化のため3件法で測定したものをそのまま用いているが、可能ならより細かい段階を設けて測定したものを使用したり、他の変数と合計し得点化するなどの工夫をすべきである。

さて、SPSSの「線型回帰」で回帰分析を行うと、回帰係数b（SPSSの出力では「非標準化係数B」）は−0.492、切片（SPSSでは「Bの（定数）」）は3.387となった。したがって、次の予測式が得られたことになる。

$$\hat{Y}_i = 3.387 - 0.492X_i$$

係数[a]

モデル		非標準化係数		標準化係数	t値	有意確率
		B	標準誤差	ベータ		
1	(定数)	3.387	.029		115.950	.000
	r31 友人との会話（逆転）	-.492	.015	-.360	-32.567	.000

a. 従属変数 性のイメージ：楽しいか

回帰係数の符合がマイナスであることから、友人と性について会話をする者ほど性のリスク意識が低いことになる。具体的には、友人との性の会話が1増えると性のリスク意識が0.492下がると予測できる。

右端に、切片と回帰係数に関する有意性検定であるt検定の結果も示されている（詳しくは片瀬・阿部・高橋（2015: 171）を参照）。標本データを用いて回帰分析を行っているため、母集団でもそのような結果が得られると考えてよいのか、有意性検定が必要になるからである。ここでの帰無仮説は「母集団における切片の値が0である」「母集団における回帰係数の値が0である」というものであるため、両側検定を行うこととする。

社会調査では一般的に有意水準（α）が5％未満を基準に有意性検定を行うが、SPSSでは有意確率が表示される。この例では、切片も回帰係数もt値の横に示される有意確率が「.000」となっている。これが0.001よりも小さいことから、切片と回帰係数が0.1％水準で統計的に有意だとわかる。

第4章　多変量解析の考え方（3）——単回帰分析から重回帰分析へ

【例題4.1】

この回帰係数の有意性検定の結果について，t 分布表（付表D）を用いた以下の手順で確認せよ。

（1）検定統計量である t 値は SPSS の「係数」の表から（　ア　）である。

（2）この分析に用いた標本サイズは7104であるため，自由度は $n-2=7102$ である。

（3）t 分布表には自由度200から10000のあいだの値が示されていないため，7102より小さく一番近い自由度200で代用する。$\alpha=0.01$ とすると，両側検定で対応する t の値は（　イ　）である。（　ア　）の絶対値は（　イ　）より（大きい・小さい）ウ）ため，$\alpha=0.01$ で帰無仮説は（棄却され・棄却されず）エ），母集団における回帰係数は0でないと言える。

先に述べたように，実際の分析では，このような手順を踏む必要はなく，SPSSの出力で有意確率をみればよい。

「標準化係数ベータ」は**標準偏回帰係数**のことである。ベータ係数，ベータ加重とも呼ばれる。これは従属変数と独立変数をそれぞれ平均0，標準偏差1の Z 得点に標準化して求めた回帰係数である。回帰係数は測定された値をそのまま用いて分析しているため，「独立変数が1単位変化した場合の，従属変数の変化量」（たとえば，年齢が1歳変化した場合に収入がいくら変化するか）を表していた。これに対して標準偏回帰係数は，「独立変数が1標準偏差分だけ変化したときの，標準偏差を単位とした従属変数の変化量」を示すもので，−1から1の範囲の値になる。

社会調査ではさまざまな単位をもつ変数（年齢，学歴，収入など）を同時に扱うことや，単位そのものが明確でない変数（複数の指標から合成した変数など）を扱うことがある。標準偏回帰係数を用いれば，各変数の標準偏差を基準にした解釈ができるため，複数の独立変数の効果を比較することも可能になる。詳しくは次節で重回帰分析を説明する際に具体例をみることにして，ここでは，単

ア　−32.567　　イ　2.601　　ウ　大きい　　エ　棄却され

51

回帰分析の標準偏回帰係数が相関係数と等しいことのみ指摘しておく。

「係数」の表には，これらの他に，**標準誤差**が示されている。標準誤差は，ここでは回帰係数 b の**標本分布**における標準偏差を意味している。母集団から一定の大きさの標本をすべての組み合わせについて繰り返して抽出した場合に，それぞれの標本で求めた回帰係数の分布である標本分布の標準偏差がいくつになるか，つまり回帰係数のばらつきを推定したのが標準誤差である。

また，この標準誤差は，**信頼区間**の推定に用いることもできる。信頼区間とは，一定の大きさの標本を繰り返し抽出した場合に，回帰係数のある値が100回の抽出のうち95回含まれる範囲のことである。限界値を $c.v.$ で，回帰係数の標準誤差を s_b で表すと，任意の α 水準に対応した回帰係数 b の信頼区間の上限と下限は $b \pm (c.v.)s_b$ とされる。じゅうぶん大きな標本であれば，$\alpha = 0.05$ のとき $c.v.$ は1.96（正規分布を利用した両側検定のための Z 得点）となるが，この値は2に近いため，「統計的な経験則によって，回帰係数の大きさが標準誤差の2倍あれば，b は $\alpha = 0.05$ の水準で有意である」といわれている（Bohrnstedt and Knoke 1988=1990: 227）。

SPSS の出力には，その他にも回帰分析の結果を理解するために必要な値が示されているので確認しておこう。

モデルの要約

モデル	R	R2乗	調整済み R2乗	推定値の標準誤差
1	.360[a]	.130	.130	.856

a. 予測値:(定数)、友人との会話（逆転）。

分散分析[a]

モデル		平方和	自由度	平均平方	F 値	有意確率
1	回帰	777.498	1	777.498	1060.597	.000[b]
	残差	5206.309	7102	.733		
	合計	5983.807	7103			

a. 従属変数 性のイメージ：楽しいか

b. 予測値:(定数)、友人との会話（逆転）。

「モデルの要約」の表にある「R2乗」（R^2）は**決定係数**である。決定係数は，

第4章　多変量解析の考え方（3）――単回帰分析から重回帰分析へ

ある独立変数と従属変数の関係が分かっている場合に，両者の関係を考慮することによって，考慮しない場合に比べて従属変数を予測する際の誤差がどれだけ減少するかを示す，誤差減少率という考え方に基づく**PRE統計量**の1つである。回帰分析の場合は，独立変数（X）との線形関係によって従属変数（Y）を予測する。そのとき，線形関係を当てはめずに従属変数が平均（$\bar{Y}$）に等しいと予測した場合と比べて，誤差がどれだけ小さくなるかを考えるのである。

$$R^2_{Y\cdot X} = \frac{\sum(Y_i - \bar{Y})^2 - \sum(Y_i - \hat{Y})^2}{\sum(Y_i - \bar{Y})^2} \tag{4.7}$$

（4.7）式の分母は，従属変数が平均（$\bar{Y}$）に等しいと予測した場合の誤差の平方和である**全平方和（SS_{TOTAL}）**になっている。分子は，この全平方和と，回帰直線で予測した場合の誤差の平方和である**誤差平方和（SS_{ERROR}）**との差である。そこから，式を次のように書き換えると，誤差平方和が0のときに決定係数が最大値1をとること，誤差平方和と全平方和が等しいときに決定係数が最小値0をとることがわかる。

$$R^2_{Y\cdot X} = \frac{SS_{TOTAL} - SS_{ERROR}}{SS_{TOTAL}} = 1 - \frac{SS_{ERROR}}{SS_{TOTAL}}$$

また，全平方和（SS_{TOTAL}）と誤差平方和（SS_{ERROR}）の差が，回帰分析によって説明される部分である**回帰平方和（$SS_{REGRESSION}$）**となることから，決定係数の式を次のように表現することもできる。ここから，決定係数を，全平方和に対する回帰平方和（回帰分析によって説明される部分）の割合として理解することができる。

$$R^2_{Y\cdot X} = \frac{SS_{TOTAL} - SS_{ERROR}}{SS_{TOTAL}} = \frac{SS_{REGRESSION}}{SS_{TOTAL}}$$

性のリスク意識に関する回帰分析では，決定係数が0.130となっており，性のリスク意識の分散のうち13%が友人との性の会話で説明できることになる。重相関係数「R」と自由度調整済みの決定係数「調整済みR2乗」も表示されている。後者については単回帰分析では参照する必要がないので，重回帰分析の際に説明しよう。

「分散分析」の表に，決定係数の有意性検定の結果も示されている。この検定

53

は，回帰平方和を自由度1で割った「回帰平均平方」と誤差（残差）平方和を自由度 $n-2$ で割った「誤差平均平方」の比である F 値（自由度は1と $n-2$）を用いる F 検定である（片瀬・阿部・高橋 2015: 170）。SPSS の「分散分析」の表にはこれらの値が示されており，その有意確率が「.000」となっている。つまり，「母集団では決定係数が0である」という帰無仮説は0.1％水準で棄却され，母集団では決定係数が0ではないと言える。

② 重回帰分析の考え方

2.1 重回帰分析のモデル

本書第1章の収入の例と同様に，性のイメージ（リスク意識）も，友人との会話という1つの要因だけで説明されるとは考えにくい。他の要因を独立変数に加えて検討してみよう。このように2つ以上の独立変数を用いる回帰分析を**重回帰分析**という。

独立変数が2つのモデル（標本回帰式）は，(4.8) 式のようになる。X_1 と X_2 が独立変数，e_i は誤差項である。b_1 と b_2 は回帰係数だが，重回帰分析の場合は，**偏回帰係数**と呼ぶ。

$$Y_i = a + b_1 X_{1i} + b_2 X_{2i} + e_i \qquad (4.8)$$

一方，標本予測式は，本書第1章でも紹介したように，次のようになる。

$$\hat{Y}_i = a + b_1 X_{1i} + b_2 X_{2i} \qquad (4.9)$$

重回帰分析の場合も，誤差項の平方和が最小になるように，つまり最小二乗法によって，母集団における切片 α や偏回帰係数 β_1，β_2 を推定する。このとき，次の値は α や β_1，β_2 の不偏推定値になる。

$$a = \bar{Y} - (b_1 \bar{X}_1 + b_2 \bar{X}_2) \qquad (4.10)$$

$$b_1 = \left(\frac{s_Y}{s_{X_1}} \right) \frac{r_{YX_1} - r_{YX_2} r_{X_1 X_2}}{1 - r_{X_1 X_2}^2} \qquad (4.11)$$

第 4 章　多変量解析の考え方（3）──単回帰分析から重回帰分析へ

$$b_2 = \left(\frac{s_Y}{s_{X_2}}\right) \frac{r_{YX_2} - r_{YX_1} r_{X_1X_2}}{1 - r^2_{X_1X_2}} \tag{4.12}$$

　これにより，Y, X_1, X_2 の 3 変数それぞれの標本平均と標準偏差，また変数間の相関係数があれば切片と回帰係数を推定できることもわかる。なお，重回帰分析にあわせてこれらの値を示すこともある。その場合は，変数ごと，あるいは変数の対ごとに欠損値を削除するのではなく，分析に用いるすべての変数に関して欠損値のないケースのみを用いる方がよい。そうでないと，相関係数ごとに使う標本サイズが異なることになり，有意性検定に用いる n が定まらないからである。

　さて，こうして重回帰分析を行うと，単回帰分析の場合と何が違うのだろうか。それは，「他の要因を統制（コントロール）した」独立変数の効果を推定できることである。

　例えば，本書第 1 章では収入に対する年齢の効果を分析していた。しかし，社会の高学歴化が背景にあるデータでは，年齢が若いほど学歴が高い人が多い（教育年数が長い）傾向がある。年齢だけを用いて分析すると，そこに学歴の効果が混在してしまう。年齢と学歴をともに独立変数として投入すれば，それぞれの効果を統制して各々の独自の効果を取り出すことができるようになる。われわれの意識や行動を含め社会現象には多くの要因が関わっているため，他の要因の効果を統制する重回帰分析のような手法を用いる意義は大きい。

2.2　分析例──SPSS による重回帰分析

　以上を踏まえて，再び，2011年の第 7 回「青少年の性行動全国調査」のデータを分析してみよう。次の表は，先ほどの分析をもとに，「友人との性に関する会話」に加えて，年齢を独立変数として用いた分析結果である。

記述統計

	平均値	標準偏差	度数
性のイメージ：楽しいか	2.49	.918	7104
年齢	16.89	2.863	7104
友人との会話（逆転）	1.8133	.67272	7104

55

相関

		性のイメージ：楽しいか	年齢	友人との会話（逆転）
Pearson の相関	性のイメージ：楽しいか	1.000	-.305	-.360
	年齢	-.305	1.000	.085
	友人との会話（逆転）	-.360	.085	1.000
有意確率（片側）	性のイメージ：楽しいか	.	.000	.000
	年齢	.000	.	.000
	友人との会話（逆転）	.000	.000	.

モデルの要約

モデル	R	R2 乗	調整済み R2 乗	推定値の標準誤差
1	.454[a]	.206	.206	.818

a. 予測値:（定数）、友人との会話（逆転），年齢

分散分析[a]

モデル		平方和	自由度	平均平方	F 値	有意確率
1	回帰	1232.146	2	616.073	920.675	.000[b]
	残差	4751.661	7101	.669		
	合計	5983.807	7103			

a. 従属変数 性のイメージ：楽しいか

b. 予測値:（定数）、友人との会話（逆転），年齢

係数[a]

モデル		非標準化係数 B	非標準化係数 標準誤差	標準化係数 ベータ	t 値	有意確率	共線性の統計量 許容度	共線性の統計量 VIF
1	(定数)	4.826	.062		77.997	.000		
	年齢	-.089	.003	-.277	-26.066	.000	.993	1.007
	友人との会話（逆転）	-.460	.014	-.337	-31.747	.000	.993	1.007

a. 従属変数 性のイメージ：楽しいか

「係数」の表に示された SPSS による分析結果で回帰係数「B」を見ると，年齢は-0.089，友人との会話は-0.460となっている。切片は「定数」のBの欄に書いてある4.826である。したがって，次の予測式が得られたことになる。

$$\hat{Y}_i = 4.826 - 0.089 X_{1i} - 0.460 X_{2i}$$

重回帰分析の偏回帰係数は，他の独立変数の効果を統制した場合に，ある独立変数が1単位変化すると従属変数がどれだけ変化するかを表していた。友人

第4章　多変量解析の考え方（3）——単回帰分析から重回帰分析へ

との会話の偏回帰係数の値は-0.460，年齢の偏回帰係数は-0.089で，どちらも t 検定の結果から0.1％水準で統計的に有意である。つまり，友人との性の会話が1単位（ここでは選択肢1つ分）増えると0.460，年齢が1単位（ここでは1歳）増えると0.089，それぞれ性のリスク意識が低くなることがわかったのである。

　また，友人との会話の偏回帰係数は，独立変数に年齢を追加しない単回帰分析のときの回帰係数の値（-0.492）に比べると若干小さい。これは年齢を統制して友人との会話の効果を求めたためだが，その違いは小さかった。このことから，友人との会話と年齢はリスク意識に対してそれぞれ独立した効果を持つと推測できる（このような考え方については本書の第8章や第9章で学習する）。

　次に，「標準化係数」として**標準偏回帰係数**が示されている。標準偏回帰係数はすべての変数を Z 得点に標準化してから求めた回帰係数であるため，絶対値の大きさにより独立変数の効果の大きさを相互に比較することができる。分析結果によると，標準偏回帰係数の値は年齢では-0.277，友人との会話では-0.337となっている。つまり，性のリスク意識に与える効果は，年齢よりも友人との会話のほうが大きい。

　さらに，標準偏回帰係数は，独立変数が標準偏差1つ分変化したときに従属変数が標準偏差いくつ分変化するかを表す。このことから，独立変数の効果の大きさを詳しく検討するときには，「記述統計」の表にある標準偏差を使えばよい。たとえば，友人との会話を統制した場合の年齢の効果は，次のように求めることができる。年齢の標準偏回帰係数が-0.277であることから，年齢が1標準偏差（この場合は2.863）変化したときの，性のリスク意識の標準偏差を単位とした変化量は-0.277×標準偏差（0.918）である。これを計算すると，-0.277×$0.918 = -0.254$となることから，「年齢が2.863変化すると，性のリスク意識が0.254低下する」ということになる。

　「モデルの要約」の表を見ると，決定係数 R^2 は0.206で0.1％水準で統計的に有意である。独立変数が友人との会話だけの場合と比べると，決定係数 R^2 が0.130から0.206となり，モデル全体の説明力が上がったことが確認できる。

　なお，決定係数は，標本の回答者数が少ないときや，独立変数の数が多いと

57

きに実際の値よりも大きくなってしまう傾向が強くなる。そのようにモデルの説明力が過大に評価されないよう、独立変数の数の影響を調整した指標が**自由度調整済み決定係数**（Adjusted R^2）で、SPSSでは「調整済みR2乗」と表示されている。これは以下のように求めたものである（nは標本サイズ、kは独立変数の個数）。

$$Adjusted\ R^2 = R^2 - \frac{k}{n-k-1}(1-R^2) \tag{4.13}$$

【例題4.2】

（4.10）式や（4.11）式、（4.12）式を用いて、「記述統計」と「相関」の表に示された値から、偏回帰係数と切片を推定せよ。

（1）初めに、偏回帰係数（b_1とb_2）は、（4.11）式と（4.12）式から次のように計算できる。

$$b_1 = \left(\frac{s_Y}{s_{X_1}}\right)\frac{r_{YX_1} - r_{YX_2}r_{X_1X_2}}{1 - r^2_{X_1X_2}}$$

$$= \left(\frac{(\quad オ\quad)}{2.863}\right)\left(\frac{-0.305 - (-0.360) \times (\quad カ\quad)}{1 - 0.085^2}\right) = (\quad キ\quad)$$

$$b_2 = \left(\frac{s_Y}{s_{X_2}}\right)\frac{r_{YX_2} - r_{YX_1}r_{X_1X_2}}{1 - r^2_{X_1X_2}}$$

$$= \left(\frac{5}{0.67272}\right)\left(\frac{-0.360 - (-0.305) \times (\quad カ\quad)}{1 - 0.085^2}\right) = (\quad ク\quad)$$

（2）次に、切片（a）は、（4.10）式から次のように計算できる。

$$a = 2.49 - \{((\quad キ\quad) \times 16.89) + ((\quad ク\quad) \times 1.8133)\} = (\quad ケ\quad)$$

「係数」の表に示されたSPSSによる分析結果で回帰係数「B」をみると、年齢は-0.089、友人との会話は-0.460となっている。切片は「定数」のBの欄に書いてある4.826である。四捨五入の関係で若干ずれているものの、ほぼ一致していることが確認できた。

オ 0.918　カ 0.085　キ −0.0886　ク −0.4592　ケ 4.8191

第4章 多変量解析の考え方（3）——単回帰分析から重回帰分析へ

　以上の重回帰分析の結果を論文や報告書に示す場合は，表4.1のようにまとめればよい。偏回帰係数（b）の列には切片と，それぞれの独立変数に対応する偏回帰係数を示す。また，アスタリスク（*）の数で有意水準を表現し，その意味を表の下に注記する。偏回帰係数の下には，決定係数や自由度調整済み決定係数，分析に用いた標本サイズを示す。

　その他，統計的検定や信頼区間の推定に必要な標準誤差（$S.E.$）や，複数の独立変数の効果を比較するために用いる標準偏回帰係数（β）も示すとよいだろう。標準偏回帰係数は従属変数も標準化して求めているため切片が必ず0となることから，標準偏回帰係数の列には定数を記載しない。

表4.1 性のリスク意識を従属変数とする重回帰分析

	b	$S.E.$	β
定　数	4.826***	.062	
年　齢	−.089***	.003	−.277
友人との会話	−.460***	.014	−.337
R^2	.206***		
$Adj.\ R^2$	.206***		
n	7104		

（注）b：偏回帰係数　$S.E.$：標準誤差　β：標準偏回帰係数
　　***：$p<0.001$

　なお，本書第1章の表1.1のように複数の重回帰分析の結果を1つの表にまとめて比較することがある。表1.1には基本モデルと資格モデルの2つの重回帰分析についてそれぞれ偏回帰係数と標準偏回帰係数が記載されていたが，偏回帰係数か標準偏回帰係数だけを示す場合もある。

2.3　重回帰分析を行う際の注意点

　重回帰分析に用いる独立変数間に強い相関関係があると，最適な回帰式を推定できない問題が生じる。偏回帰係数の符合が独立変数と従属変数の相関係数と逆になったり，偏回帰係数の値が独立変数の組み合わせで極端に変化したりするのである。これを**多重共線性**と呼ぶ。これを避けるもっとも単純な方法は，独立変数間の相関係数を確認することである。独立変数間に極端に高い相関が見られるならば（たとえば0.80以上），それらを同時に投入した重回帰分析では多

重共線性の問題が生じる可能性が高い。

　また，多重共線性が生じる可能性をチェックする指標もある。それが，先のリスク意識の重回帰分析の出力のうち，「係数」の表の右列に表示されている「共線性の統計量」の**許容度**と **VIF**，すなわち**分散拡大要因**である。許容度は，ある独立変数を従属変数として他の独立変数から予測した場合の決定係数の値を１から引いた値である。この値が0.1以下となると，その独立変数の分散の９割が他の独立変数によって説明できることになり，多重共線性が生じていると判断できる。一方，VIF は許容度の逆数（VIF＝１／許容度）である。これは独立変数間に相関がなければすべて１となり，VIF が10以上となる変数は分析から除くべきだとされている。

　このような点を確認し多重共線性が疑われる場合は，分析目的上もっとも適切な独立変数を残して相関の高い他の変数を分析から除いたり，相関の高い独立変数を加算した合計得点や，本書第６章で学ぶ主成分分析により総合的な指標を構成してから分析に用いるなどの対応が必要になるだろう。

③　まとめ

　本章では，回帰分析と重回帰分析について学習した。ともに連続変数として測定された従属変数と独立変数の間に線形関係を当てはめ，変数間の関連を明らかにする手法である。

　実際に分析する際には，先に説明した多重共線性や，外れ値の影響に注意する必要がある。片瀬・阿部・高橋（2015: 176）は，単回帰分析の場合に外れ値がどのように影響するかを示している。極端な値の１人のデータを分析に用いるか，外れ値として削除するかによって分析結果が大きく変わる可能性がある。社会調査データであれば，意識や態度の測定尺度では値の範囲が定まっているが，たとえば年収や友人の数などについて回答者に数値を記入してもらった場合だと外れ値が生じる余地がある。

　仮説検証のために重回帰分析を始める前に，個々の変数の度数分布や平均値，標準偏差などの要約統計量，あるいは独立変数同士の相関係数を確認すること

第4章　多変量解析の考え方（3）——単回帰分析から重回帰分析へ

が大切である。

【学習課題】

Q4.1　第7回「青少年の性行動全国調査」のデータを用いた本文中の重回帰分析で，以下の予測式が得られた。従属変数（Y_i）は「性のリスク意識」，独立変数 X_1 は「年齢」，独立変数 X_2 は「友人との性についての会話」である。

　　このとき，(a) 年齢が15歳で，友人と性について「1＝全然話さない」という回答者と，(b) 年齢が17歳で，友人と性について「3＝よく話す」という回答者のリスク意識の予測値はそれぞれいくつになるか計算せよ。

$$\hat{Y}_i = 4.826 - 0.089X_{1i} - 0.460X_{2i}$$

Q4.2　2011年の第7回「青少年の性行動全国調査」のデータを用いて，「性のリスク意識」を従属変数，「友人との性についての会話」を独立変数とする単回帰分析を，中学生の場合，高校生の場合，大学生（短期大学は含まない国公立大学と私立大学の合計）の場合に分けて行え。また，3つの分析結果からそれぞれの予測式を書いて，その比較から分かることを説明せよ。

Q4.3　第7回「青少年の性行動全国調査」のデータを用いて，「性のリスク意識」を従属変数，「年齢」「友人との性についての会話」「友人の性行動についての関心」を独立変数とした重回帰分析を行え。また，分析結果を表にまとめ，そこから何が分かるかを説明せよ。「友人の性行動についての関心」も「友人との性についての会話」と同様にリコードして用いること。

61

第5章

線形結合による潜在変数の構成
——因子分析

本章の目標

第5章と第6章では，変数の線形結合から潜在的要因（因子）や総合的指標（主成分）を抽出・構成する手法を学ぶ。本章ではまず因子分析を扱い，変数の背後にある共通因子を見出し，因子負荷量からその因子を解釈する仕方を理解する。

キーワード　因子分析　共通因子　潜在変数　独自因子　固有値　共通性　因子負荷量

① 因子分析の考え方

1.1 潜在因子の探求

第1章では，多変量解析を「見えないものを見る魔法」にたとえてきた。第5章と第6章で扱う**因子分析**と主成分分析は，いずれもこの「見えないものを見る魔法」と呼ぶにふさわしい分析手法である。というのも，いずれの手法でも，観測された個々の変数の背後にある共通の要因（因子，主成分）を仮定し，いわば見えない潜在空間で変数を分類したり（因子分析），合成・縮約したりする（主成分分析）ことになるからだ。ただし，次章で述べるように，因子分析における因子は潜在的なものであるが，主成分分析の主成分は観測可能な変数の線形結合から構成されるので，潜在的なものとは言えない。

多くの多変量解析で用いられる変数は，独立変数も従属変数も，ともに調査などによって観測された変数である。これに対して，因子分析も主成分分析も，観測された変数の線形結合によって変数の背後にある潜在的な共有因子を探ったり，総合的な指標を合成することになる。これが他の多変量解析とは異なる点である。

62

第 5 章　線形結合による潜在変数の構成——因子分析

1.2　共通因子と独自因子

　以下では第 7 回「青少年の性行動全国調査」から，問23（a）〜（f）の男女関係に関する 6 項目の問いを取り上げ，これに対する大学生女子の回答を使って因子分析をしてみよう。なお，素データは「1 ＝そう思う」〜「5 ＝わからない」となっているが，分析に先立って「4 ＝そう思う」〜「1 ＝そう思わない」と値を逆転させ，「5 ＝わからない」は欠損値とした。

　大学生女子について，この 6 つの態度変数の相関係数をとり，行列のかたちで表すと表5.1のようになる。この表で行頭の（a）〜（f）の設問は 1 列目の（a）〜（f）に対応しているので，対角要素の相関は1.000となる。また，行列は対角要素を挟んで左右対称であるため，右上のセルの相関係数は省略した。

表5.1　男女関係への態度についての相関行列：大学生女子

問23		(a)	(b)	(c)	(d)	(e)	(f)
(a)	結婚してもよいと思う人がいても，早く結婚する必要はない	1.000					
(b)	男性は女性をリードするべきだ	−.078**	1.000				
(c)	女性よりも男性の方が，性欲が強い	−.058*	.338**	1.000			
(d)	同性と性的行為をすることがあってもかまわない	.218**	−.216**	−.233**	1.000		
(e)	男性は外で働き，女性は家庭を守るべきだ	−.153**	.306**	.121**	−.072*	1.000	
(f)	女性は働いていても，家事・育児のほうを大切にすべきだ	−.098**	.306**	.177**	−.190**	.461**	1.000

（注）**：$p<0.001$　*：$p<0.05$

　この表からみて，すべての相関係数が 5 ％，もしくは 1 ％水準で有意となっているが，たとえば男女の仕事と家事をめぐる性役割分業に関わる（e）と（f）のように，0.461といったかなり強い相関をみせる項目の組み合わせもある。こうした組み合わせにある項目は，共通の因子の影響を受けていると考えられる。このように複数の項目の背後にあると考えられる共通の因子を**共通因子**と呼ぶ。この共通因子のように，データから直接観測できない変数のことを**潜在変数**と

63

いう。

【例題5.1】

表5.1からみて，(a)「結婚してもよいと思う相手がいても，早く結婚する必要はない」という項目と相関の強い項目はどれか。また，そこに共通してみられる意識の傾向は何かア)。

また，因子分析では，1つの項目が1つの因子によって決定されるのと考えず，同時に他の共通因子からも影響を受けると考える。ただし，1つの項目に対して，影響の大きな共通因子もあれば，影響の小さい共通因子もあると想定する。これに加えて，たとえば家事分担に関する態度の (e)(f) にしても，家事分担の項目 (e)(f) のそれぞれに固有の要因というのも存在すると考えられる。この各項目に固有の要因は**独自因子**と呼ばれる。この関係を整理したものが図5.1の因子分析の模式図である。

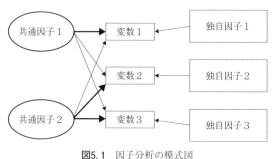

図5.1 因子分析の模式図
(注) 矢印の太さは影響の大きさを表す

1.3　因子分析の定式化

そこで，各変数のスコアは以下のように定式化することができる（柳井ほか 1990: 6; 杉野 2017: 172）

ア　(a) は (d)「同性と性的行為をすることがあってもかまわない」と正の相関が高い。この両者に共通するのものとしては「非伝統的な婚姻・性愛関係の肯定傾向」が考えられる。

第5章　線形結合による潜在変数の構成——因子分析

$$x_1 = \alpha_{11}f_1 + \alpha_{12}f_2 + \cdots \alpha_{1m}f_m + e_1$$
$$\vdots$$
$$x_k = \alpha_{k1}f_1 + \alpha_{k2}f_2 + \cdots + \alpha_{km}f_m + e_k$$
$$\vdots$$
$$x_p = \alpha_{p1}f_1 + \alpha_{p2}f_2 + \cdots + \alpha_{pm}f_m + e_p \tag{5.1}$$

　ここで左辺の $x_1 \cdots x_p$ は観測された変数（各項目のスコア）である。これに対して右辺の f_1, $f_2 \cdots f_m$ は，第1，第2…第 m 因子であり，すべての観測値について共通に関わる共通因子である。また，右辺の α_{p1}, $\alpha_{p2} \cdots \alpha_{pm}$ は各共通因子にかかる重みである。この重みは，それぞれの因子と変数の関連の強さ（相関）であり，その因子が各変数におよぼす影響力ともいえ，**因子負荷量**と呼ばれる。各因子を解釈するにはこの因子負荷量が用いられる。

　他方，右辺最後の $e_1 \cdots e_p$ は独自因子となる。ただし，独自因子はその変数のみに影響を与えるので，共通因子のように重みはつけない。これに対して，共通因子はすべての変数に影響し，その影響力は同じではないから，各変数への影響の違いを示す重み（因子負荷）をかけておく。

② 因子分析の手順

2.1 因子分析の流れ

　実際の因子分析は次のような手順に沿って行われる（小杉 2007: 119）。
①相関行列を求める。
②相関行列の固有値分解をする。
③固有値の値や寄与率などをもとに因子数を確定する。
④因子の抽出方法を決める。
⑤抽出した因子軸を回転し因子を解釈しやすくする。
⑥因子負荷量を手がかりに因子を解釈する。

　このうちステップ①は表5.1のように，観測された変数どうしの相関係数を行列のかたちで求めることである。ステップ②の固有値分解とは，この相関行列

65

を固有値と固有ベクトルに分解することであり，行列やベクトルといった線形数学の知識を必要とするため，説明は芝（1979）や柳井ほか（1990），小杉（2007）などに譲る。また実際の演算も SPSS などの統計ソフトが自動的にしてくれる。

　ただし，固有値と因子寄与は，ステップ③の因子数の決定に関わるので簡単に説明しておく。まず**固有値**とは，因子（軸）の回転前に各因子がもつ説明力であり，これが大きいほどその因子が観測値の分散を説明する度合いが大きいといえる。また，固有値の総和はもとの相関行列の対角要素の総和，表5.1でいえば対角要素1が6つあるので6に等しくなる。**因子寄与率**とは，この固有値を比率に直したもの，すなわち固有値全体のなかで，ある因子の固有値が何パーセント占めるかを示したものであるから，固有値や因子寄与率が大きな因子ほど各項目の分散を説明する力が大きいことになる。

2.2　因子数の決定

　次に，ステップ③の抽出する因子数を決定する代表的な基準を紹介する。
（1）固有値1以上の因子を採用する

　固有値はもとの相関行列をどのくらい説明しているかを示すものであった。これは固有値の総和はもとの相関行列の対角要素の和に等しいということにも関連している。

　表5.1からも分かるように，相関行列の対角要素には同じ変数の相関係数が入るので1.000となり，その総和は変数の数 p（表5.1の場合6）となる。$p \times p$ の相関行列は p 個の変数からできているので，1つの変数が1.000ずつの分散をもつよう標準化されている。この場合，ある大きさ c をもつ固有値は項目 c 個分の情報をもっていると考えられる。もしある因子の固有値が1を下回っているとすると，それは項目1つ分の情報量ももっていないことになるので，その因子を共通因子として採用するなら，因子分析をしなくとも一つひとつの項目として検討した方が情報量が得られる。ここから，共通因子として採用できるのは項目数1以上の説明力をもつ因子とするという基準が意味をもつ（小杉 2007: 120）。SPSS などでは，因子抽出基準のデフォルト（規定値）としてこの基準を採用している。

（2）スクリープロットの検討

このように固有値1以上の因子を検討する意味はあるが，機械的にこの基準を適用すればよいわけでもない。採用された因子とされなかった因子の固有値にあまり差がなかったりすることもあるので，固有値の減少の仕方を見てみる必要もある。

この判定に役立つのが縦軸に固有値，横軸に因子を取った図5.2のようなスクリープロットの利用である（杉野 2017: 123）。図5.2の場合，第3因子は固有値1をわずかに下回っているが，因子4以降で急激に固有値が低下しているため，因子3の採用も検討してみる意味はあるだろう。

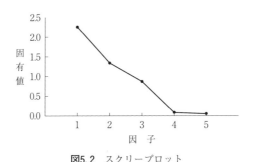

図5.2 スクリープロット

2.3 因子の抽出法

因子分析の場合，データとして存在するのは個々の観測変数だけで，因子はデータに存在しない。したがって，何らかの方法で因子抽出（推定）する必要がある。この因子の抽出法にもいくつかの方法がある。よく使われるものとしては，以下のようなものがある。

（1）主因子法

因子負荷行列の対角要素を推定された**共通性**として，相関行列の対角要素に置き換えて因子を抽出する。これによって得られた共通性の推定値を再度，相関行列の対角要素として，共通性の推定値の反復推定を行う。これにより，第1因子から順に因子寄与（因子負荷量の平方和）が最大になるよう共通性を推定し，因子負荷量を求める。

（2）主成分法

因子負荷行列の対角要素を1にして，各因子の寄与率がなるべく均等になるよう解を求める方法。共通性を推定せず，相関行列そのものを固有値分解することになる。

（3）最尤法

最尤法とは，データからみてもっともありえそうな（尤度を最大にする）モデルを推定するための統計的推定法で，これを因子分析に当てはめた手法である。得られたデータが母集団から抽出された標本の確率変数と想定し，データにモデルがあてはまる程度（尤度）が最大になるよう母数を推定する。これによって，その因子モデルの適合度を検討することもできる（林ほか 2017: 174-175, 柳井ほか 1990: 51-56）。

2.4　因子抽出後の軸の回転

また，因子の解釈を容易にするために，解の回転（軸の回転）という操作がある。この解の回転には，直交解と斜交解という考え方がある。まず回転前の因子軸と観測値の位置関係が図5.3a であった場合，軸の意味を読みとるのは困難である。

そこで，図5.3b に示した**直交解**では，因子間の相関を0と仮定して計算し，2つの軸が直交するように回転するものである。因子軸上の因子負荷量の二乗の分散が最大になるような解を求める**バリマックス回転**がその代表的手法である。

これに対して，**斜交解**は図5.3c に示したように，因子間に相関を許容する

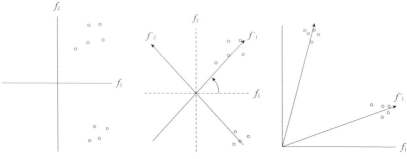

図5.3a　回転前の因子軸と観測値　　図5.3b　因子軸の直交回転　　図5.3c　因子軸の斜交回転

(軸が直交するという制約を課さない) 計算法であり, **プロマックス法**などの方法がある。プロマックス回転は, まずバリマックス回転によって因子負荷行列を求め, これを累乗 (3～4乗) する。そうすることで高い負荷量をあまり変化させず, 小さい負荷量をより小さくすることができ, 軸の意味が解釈しやすくなる (図5.3c 参照)。

以前は直交解がよく使われたが, 最近では斜交解がよく使われるようになった。というのも, 社会学などでは直交解のように潜在因子が無相関と想定するのは不自然であると考えられるからである (杉野 2017)。また, 斜交解の方が, 因子が単純構造になりやすく, 解釈が容易になるという利点もある。なお, 因子抽出法と回転法は独立しているため, 結果の報告に当たっては,「主因子法・バリマックス回転」「主成分法・プロマックス回転」のように両者を併記する。

③ 因子分析の実行と結果の解釈

3.1 因子分析の実行

以下では, 先の表5.1の6項目に対する大学生女子の回答をデータに主因子法・プロマックス回転で因子分析をしてみよう。SPSS の場合, プルダウン [分析] → [次元分解] と進むと [因子分析] にいくが, ここで注意すべきことがある。まず図5.4のように因子分析に用いる変数を指定したあと,〔因子抽出〕

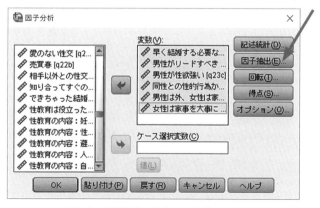

図5.4 因子分析のダイアログボックス

のボックスを押す。

　SPSS の場合，因子抽出法のデフォルト（規定値）が〔主成分法（主成分分析）〕になっているため，このまま実行すると（そして因子の回転をしないと）主成分分析になってしまうので，ここを〔主因子法〕に変える（図5.5参照）。

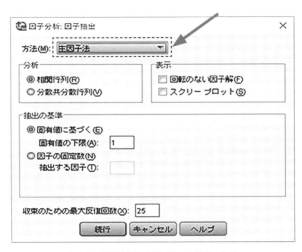

図5.5　因子抽出のダイアログボックス

　また今回はプロマックス回転をするので〔回転〕のボックスを開いて，回転方法をプロマックスに指定する（図5.6参照）。

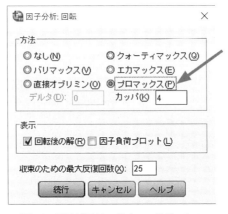

図5.6　因子軸回転のダイアログボックス

3.2 共通性と固有値の出力

これによって SPSS は以下のようにまず共通性を出力する。この因子抽出後の共通性を1から引いたものが，その項目の独自性となる。たとえば「(a) 早く結婚する必要なし（結婚してもよいと思う相手がいても，早く結婚する必要はない）」の因子抽出後の共通性は0.152であるから，独自性は $1 - 0.152 = 0.848$ となり，この項目は抽出された因子よりも独自の因子によって説明される度合いが高こ

とがわかる。

共通性

	初期	因子抽出後
問23（a）「結婚してもよいと思う人がいても、早く結婚する必要はない」	.064	.152
問23（b）「男性は女性をリードするべきだ」	.216	.423
問23（c）「女性よりも男性の方が、性欲が強い」	.142	.293
問23（d）「同性と性的行為をすることがあってもかまわない」	.123	.385
問23（e）「男性は外で働き、女性は家庭を守るべきだ」	.246	.744
問23（f）「女性は働いていても、家事・育児のほうを大切にすべきだ」	.244	.310

因子抽出法：主因子法

【例題5.2】

「(e) 男性は外で働き，女性は家庭を守るべきだ」について独自性を計算し，共通性と比較せよ。また，この項目は共通因子と独自因子のどちらによって説明される度合いが強いかを述べよ[イ]。

次に，説明された分散の合計が出力され，固有値が以下のように表示される。

[イ] この項目は共通性が0.744，独自性は0.236なので，独自因子よりも共通因子によって説明される度合いが高いといえる。

説明された分散の合計

因子	初期の固有値			抽出後の負荷量平方和			回転後の負荷量平方和[a]
	合計	分散の %	累積 %	合計	分散の %	累積 %	合計
1	2.025	33.750	33.750	1.474	24.571	24.571	1.203
2	1.052	17.699	51.449	.555	9.253	33.824	1.121
3	1.018	16.972	68.421	.277	4.623	38.447	.729
4	.760	12.674	81.095				
5	.625	10.419	91.514				
6	.509	8.486	100.000				

因子抽出法：主因子法

　因子は変数の数（この場合は6）まで出力されるが，SPSSの場合，固有値1以上の因子を抽出する。ここでは「初期の固有値」の合計欄に示されたように，第1因子から第3因子が固有値1以上となっている。さらに「回転後の負荷量平方和」の「分散の％」欄をみると，各因子によって説明された分散の割合が分かる。この例では，第1因子で全分散の24.6％，第2因子で9.3％，第3因子で4.5％ほどで，合計38％程度が3つの因子で説明されている。

3.3　因子負荷と因子間相関

　さらにプロマックス回転による因子分析では，固有値のアウトプットののち，「パターン行列」と「構造行列」が出力される。このうち，プロマックス回転の場合，因子の解釈の際には，「パターン行列」を参照する。

　この表に示された因子負荷量は，得られた因子と，各変数との相関係数にあたる。この値が高いほど，各変数と因子との関係が強いことになる。次項で述べるように，これをもとに因子の解釈を行う。なお，プロマックス回転では，バリマックス回転とは異なり，因子寄与，すなわち因子の相対的な影響力の強さを示す指標（各因子負荷量の二乗を縦に足すことで求められる）は出力されない。

　また同じく，寄与率，すなわちもとの変数の全分散のうち，その因子が説明する分散の割合（因子寄与を変数の数で割ったもの）も出力されない。

第5章　線形結合による潜在変数の構成──因子分析

パターン行列[a]

	因子		
	1	2	3
問23（a）「結婚してもよいと思う人がいても、早く結婚する必要はない」	-.142	.159	.408
問23（b）「男性は女性をリードするべきだ」	.155	.619	.095
問23（o）「女性よりも男性の方が、性欲が強い」	-.068	.566	.005
問23（d）「同性と性的行為をすることがあってもかまわない」	.075	-.179	.526
問23（e）「男性は外で働き、女性は家庭を守るべきだ」	.879	-.061	-.030
問23（f）「女性は働いていても、家事・育児のほうを大切にすべきだ」	.417	.204	-.063

因子抽出法：主因子法
回転法：Kaiser の正規化を伴うプロマックス法

　そのかわり，プロマックス回転では，因子間の相関を仮定していたため，下記のような因子相関行列が出力される。この相関行列からみて，因子1は因子2と正の相関，因子3とは負の相関にあり，また因子2と因子3の間には強い負の相関があることがわかる。こうした因子間の相関関係も，次に述べる因子の解釈を行う際の参考になる。

因子相関行列

因子	1	2	3
1	1.000	.388	-.203
2	.388	1.000	-.516
3	-.203	-.516	1.000

因子抽出法：主因子法
回転法：Kaiser の正規化を伴うプロマックス法

3.4 因子の解釈

以上の結果は，表5.2のようにまとめる。これをもとに抽出された2つの因子のもつ意味について解釈をしてみよう。そのために，まずこの3つの因子に因子負荷量（各変数との相関係数）の高い項目（太字）をみる。

第1因子には（e）「男性は外で働き，女性は家庭を守るべきだ」，（f）「女性は働いていても，家事・育児のほうを大切にすべきだ」の因子負荷量が高い値を示し，他の変数とは相関は低い。このことから，第1因子は「女性の家事分担（家事は女性の仕事である）」を示す因子であると考えられる。

表5.2　因子分析の結果

	因子負荷量			共通性
	第1因子	第2因子	第3因子	
（a）早く結婚する必要はない	−0.142	0.159	**0.408**	0.152
（b）男性は女性をリードするべきだ	0.155	**0.619**	0.095	0.423
（c）女性よりも男性の方が，性欲が強い	−0.068	**0.566**	0.005	0.293
（d）同性との性的行為かまわない	0.075	−0.179	**0.526**	0.385
（e）男性は外で働き，女性は家庭を守る	**0.879**	−0.061	−0.030	0.744
（f）女性は家事・育児を大切にすべき	**0.417**	0.204	−0.063	0.310
第1因子	1.000			
第2因子	0.388	1.000		
第3因子	−0.208	−0.516	1.000	

（注）主因子法・プロマックス回転

【例題5.3】

同様に第2因子，第3因子に因子負荷の高い項目をもとに，因子を解釈せよ[ウ]。

このように，因子分析の結果から，因子負荷量をもとに，得られた因子の意味（因子が表現しているもの，因子の内容）を考えることを因子の**解釈**と呼ぶ。また，因子間の相関行列を見ると，とくに第2因子（男性の性的優位性）は，第3

ウ　第2因子は（b）（c）の項目の因子負荷（正の相関）が高いことから，「男性の性的優位性」を示す因子であると考えることができる。また第3因子は（a）（d）の項目の因子負荷（正の相関）が高いことから，「非伝統的な婚姻・性愛関係の肯定傾向」を示す因子であると考えることができる。

第5章　線形結合による潜在変数の構成——因子分析

因子（非伝統的な性愛関係の肯定傾向）とかなり強い負の相関（－0.516）をもち，男性が性的優位をもつべきと考える人は，非伝統的な性愛関係を肯定しない傾向にあることがわかる。

　同様に第1因子（女性の家事分担）は，第2因子（男性の性的優位性」とは正の相関（0.388），第3因子（非伝統的な性愛関係の肯定傾向）とは弱い相関（－0.208）をもつ。ここからは，家事は女性の仕事と考える人ほど，男性が性的優位をもつことを肯定し，晩婚や同性愛といった非伝統的な性愛関係に否定的であることが示唆される。

④　まとめ

　本章で扱った因子分析は，観測された変数の線形結合を用いて，それらの背後にある共通の潜在的要因（因子）を仮定し，潜在空間で変数に影響している要因を明らかにする手法である。

　このうち，本章で扱った因子分析は，社会学では社会意識の構造を明らかにするのに役立つものとしてよく使われる。その際，実際に調査から得られた観測値の間の相関からいくつかの因子（次元）を抽出し，その因子に対する各項目の相関（因子負荷量）をもとに，その社会意識の構造が明らかにされてきた。ただし，因子分析は因子の抽出法や軸の回転の仕方で微妙に結果が異なってくるので，自分のデータなり分析目的に合わせてやり方を選択する必要がある。

　なお，本章では斜交解のプロマックス回転を取り上げたが，直交解のバリマックス回転を用いて SPSS で因子分析を行う方法については，林ほか（2017）や村瀬ほか（2007）などが参考になる。

　また本章で扱った因子分析は，**探索的因子分析**と呼ばれるもので，基本的にモデルとデータの適合度を示す統計量が存在しないため，慎重で探索的な活用が望まれる。この方法の場合，観測変数間にどのような因子が存在するかが明確になっていないため，因子の数や因子と関連する観測変数などについて，試行錯誤を繰り返しながら分析をすすめ，因子構造を解明した方が適切である。

　これに対して，事前にある程度明確な因子構造のモデルが仮定され，この仮

75

説としてたてた因子構造がデータに適合するか検定統計量を用いて兼用する因子分析もある。これを**確認的因子分析**とよび，これを用いて因果分析を行う手法に，**共分散構造分析**がある。これについては，豊田（2007）などを参照されたい。本書第12章でこの手法について解説をしてある。

【学習課題】

Q5.1 大和（1995）は，「男は仕事，女は家庭」といった「性による役割振り分け」意識だけでは流動化した性別役割分業意識を捉えられないとして，次世代の子どもを産み，育てるという「母性愛」の観念，すなわち「愛による再生産役割」が女性に家事を割り当ててきたとする家族史の知見も参考にしつつ，40歳代半ばの既婚女性に性別役割意識の調査を行った。その回答をもとに因子分析（主成分法・バリマックス回転）をしたところ，表5.3に示したように，仮説通り性別役割分業意識には2つの次元があることが分かった。

表5.3 性別役割分業意識の因子負荷行列

性別役割分業意識の項目	第1因子	第2因子	共通性
①国や地域や会社などで重要な決定をする仕事は，女性より男性に適している。	0.846	−0.086	0.723
②職場では男性がリーダーシップを発揮し，女性が補助や心配りすることで仕事がうまくはかどる。	0.824	−0.174	0.710
③家事や育児には，男性より女性が適している。	0.654	−0.299	0.517
④舅・姑の世話や介護をするのは，妻の役割である。	0.621	−0.266	0.457
⑤3歳になるまで母親がそばにいてやることが，子どもの成長には必要だ。	−0.112	0.696	0.497
⑥愛情があれば，家族のために家事をすることは苦にならないはずだ。	−0.168	0.677	（ a ）
⑦母性愛は，女性にもともと自然にそなわっているものである。	−0.195	0.655	（ b ）
⑧女性は，子どもを産んではじめて一人前になる。	−0.203	0.548	（ c ）
⑨夫が安心して仕事に全力投球できるように，支えるのが妻の役割である。	0.525	0.530	（ d ）
固有値	3.68	1.07	
寄与率（％）	0.289	0.239	

（注）主成分法・バリマックス回転
（出典）大和（1995: 116）より筆者作成。

第 5 章　線形結合による潜在変数の構成——因子分析

　(a) 因子負荷量からみて，第 1 因子，第 2 因子のうち「性による役割振り分け」と「愛による再生産役割」に対応する因子はどちらか。

　(b) 表5.3で空欄になっている (a)〜(d) に入る共通性を計算せよ。バリマックス回転の場合，共通性は因子負荷量の二乗和（行和）で求められる。

　(c) 共通性をもとに，①〜⑨のどの項目の分散が 2 つの因子によってもっとも説明されるか述べよ。

Q5.2　第 7 回「青少年の性行動全国調査」のデータを用いて，先に用いた男女関係に関する態度（問23a〜f）について，高校生男子を対象に主因子法・バリマックス回転で因子分析を行い，抽出された因子を解釈して，その態度の構造を検討せよ（値は「そう思う」= 4 点〜「そうは思わない」= 1 点に変換し，「わからない」は欠損値にして分析せよ）。

Q5.3　同じく第 7 回「青少年の性行動全国調査」のデータを用いて，男女関係に関する態度（問23a〜f）について，高校生女子を対象に主因子法・バリマックス回転で因子分析を行え。また，抽出された因子を解釈して，高校生の男女で態度の構造に差異があるか考察せよ。

第6章

線形結合による総合変数の構成
——主成分分析

本章の目標

主成分分析は，観測された変数を重みづけした線形結合によって総合変数を構成する手法である。因子分析が変数の背後にある潜在的な共通因子を探るのに対し，主成分分析は逆に変数の線形結合から顕在的な総合得点を作成し，さらにこれを使って因果関係に関する分析もできることを理解する。

キーワード 主成分分析　主成分　情報の縮約（次元の縮小）　主成分得点

1 主成分分析の考え方

1.1 因子分析と主成分分析の違い

前章で学習した因子分析と，本章で学ぶ**主成分分析**は，しばしば混同されるが，両者の違いは因子または主成分と各観測変数との関係である。すなわち，因子分析の因子は各観測変数を背後から規定する働きをしているのに対し，主成分分析では，個々の変数が総合的要因としての主成分を構成している。これを図にすると図6.1a（因子分析），図6.1b（主成分分析）のようになる。

まず共通点からみると，どちらの図でも X_1, X_2, X_3 は観測された変数を意味する。また図6.1aの因子分析では，これらの変数の背後にある潜在因子が F_1 で，また図6.1bの主成分分析では主成分が PC_1 で示されている（どちらの図

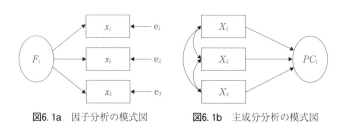

図6.1a　因子分析の模式図　　図6.1b　主成分分析の模式図

第6章 線形結合による総合変数の構成——主成分分析

も単純化のために因子，および主成分の数を1にしている）。

　ところが，因子分析と主成分分析では，次のような相違点がある。第一に，観測変数 X_1, X_2, X_3 と因子，または主成分を結ぶ矢印の向きが逆である。すなわち，矢印の方向は，因子分析では因子から変数に向かい，各変数は背後にある潜在因子によって規定されていることになる。他方，主成分分析では矢印は各変数から主成分に向かい，総合的要因である主成分は個々の変数によって構成されることになる。そこで，この2つの分析については「観測変数は主成分の構成要素であるが，因子は観測変数の構成要素である」（狩野 2004: 240）ということもできる。

　つまり，因子分析の因子はいわば独立変数の働きをし，各変数はその従属変数の位置を占めている。これに対して，主成分分析では，個々の変数が独立変数になって，従属変数の位置を占める主成分を構成している。ただし，ここでいう独立変数・従属変数とは，先にみた分散分析やログリニア分析，また今後，紹介する重回帰分析系の分析技法のように，文字通り原因—結果という意味の独立変数・従属変数ではなく，因子分析や主成分分析のモデルで占める位置を意味している。

　因子分析や主成分分析は，あくまで本書第1章でふれたように，独立変数や従属変数を設定して因果分析をするものではなく，観測された変数の潜在的な構造を分析したり，主成分得点という総合的な指標を構成することを目的としている。

　第二に，因子分析では共通因子 F_1 によって，説明できない誤差項，すなわち独自因子 $e_1 \sim e_3$ を考慮するのに対し，主成分分析ではこれらの項は考慮されない。その代わり，観測変数数 X_1, X_2, X_3 が両矢印で結ばれていることからもわかるように，各観測変数間の相関を仮定する。

　さらに第三に，この図には現れないが，因子分析が共通性を推定するのに対して，主成分分析ではこれを推定しないという違いもある。要するに両者の使い分けは，次のように考えておけばよい。すなわち，因子分析は観測変数の背後にあってこれを規定している潜在因子 F_1 を明らかにするときに使われ，主成分分析は各変数を合成した総合的な変数 PC_1 を作成するときにもちいられる

のである。そして，後の（6.1）式に示すように，主成分 Z は，あくまで観測可能な変数の線形結合のみからなる顕在的な合成変数であり，因子分析のように潜在的な共通因子を仮定するものではない。

1.2　主成分分析による情報の縮約

　このように主成分分析とは，観測されたいくつかの変数に重みづけをして足し合わせることで，より少数の総合指標（主成分）にまとめあげる手法である。

　総合指標を作るには，関連する変数のスコアを単純に合計するという方法もある。たとえば，本書第 5 章の表5.1を用いて家事分担の性別分業意識（家事は女性の仕事である）尺度を作成する場合，(e)「男性は外で働き，女性は家庭を守るべきだ」と（f）「女性は働いていても，家事・育児のほうを大切にすべきだ」という項目は「そう思う」～「そうは思わない」の 4 段階で訊いているので，「そう思う＝ 4 点」～「そう思わない＝ 1 点」のスコアをあたえ，これを合計するといったやり方である。

　しかし，(e) と (f) では「家事分担」の意識へのかかわり方が異なり，因子分析の結果（表5.2）をみる限り，「家事分担」を表す第 1 因子には（f）よりも(e) の方が相関（因子負荷）が高い。このことを考慮して，この 2 つの項目に適切な重みづけをして足し合わせ，総合的な指標を作成した方が，単純な合計よりも妥当性の高い指標を作成できる。

　つまり，因子分析の目的がデータを分解することで共通因子をみつけることであったのに対し，主成分分析の目的は，データを合成変数（主成分）に総合化することである。このことを**情報の縮約**，または**次元の縮小**と呼ぶ（杉野 2017）。

２　主成分分析の手法

2.1　主成分分析の定式化

　こうした主成分分析を行うに先立って，その数学的基礎を抑えておこう。主成分分析もまた因子分析と同様，線形結合式で表すことができる。これを式で書くと次の（6.1）式のようになる（奥野 1981: 161）。ここでは $x_1, x_2, \cdots x_j, \cdots x_m$

第6章　線形結合による総合変数の構成——主成分分析

という m 個の変数をもとに，主成分 z_1 から z_p までの p 個の主成分を求めている。

$$z_1 = w_{11}x_1 + w_{12}x_2 + \cdots + w_{1m}x_m$$
$$\vdots$$
$$z_k = w_{k1}x_1 + w_{k2}x_2 + \cdots + w_{km}x_m$$
$$\vdots$$
$$z_p = w_{p1}x_1 + w_{p2}x_2 + \cdots + w_{pm}x_m \tag{6.1}$$

　この式で左辺の $z_1 \cdots z_k \cdots z_p$ は，合成された総合変数としての**主成分**といい，その得点を**主成分得点**という。右辺の w_{k1}, $w_{k2} \cdots w_{km}$ は，観測変数 $x_1 \cdots x_m$ にかかる重み（ウェイト）である。

　この（6.1）式を65頁の因子分析の（5.1）式と比較してみると，第一に左辺が異なることがわかる。すなわち，因子分析では左辺が観測された値であり，その値は重みづけられた共通因子の線形結合で表わされているが，主成分分析の場合は左辺は主成分であり，それが重みづけられた観測値の線形結合で示されている。ここからも，因子は変数を説明する独立変数の位置を占めているが，主成分は変数によってその値が決まる従属変数の位置を占めることがわかる。

　第二に，因子分析の式では最後に独自因子 $e_1 \cdots e_k \cdots e_m$ がついたが，主成分分析にはつかない。これは，主成分が誤差を含む変数をそのまま合成しているので独自因子（誤差項）は考慮しないことを意味している。これについては，図6.1a と図6.1b をみてみれば，両者の違いがよくわかるはずである。

2.2　重みの求め方

　（6.1）式の右辺をみると，観測値 $x_1 \cdots x_m$ は実際の調査からえられるので，これにかかる重み，すなわち w_{k1}, $w_{k2} \cdots w_{km}$ をどのように推定するかが問題になることがわかる。主成分分析でも，まずデータの重心である平均値を求め，次に第1主成分は平均値からの分散が最大になるように決定する。

　その手順を以下では簡略化した架空例で示す。すなわち，性別役割に関する2つの項目（e）「男性は外で働き，女性は家庭を守るべきだ」と（f）「女性は働いていても，家事・育児のほうを大切にすべきだ」に，5人の対象者が表6.1

81

表6.1 性別別役割分業への回答

回答者	(e) 女性は家庭を守るべきだ	(f) 女性は家事・育児を大切にすべきだ
A	1	1
B	2	2
C	3	3
D	4	3
E	4	4

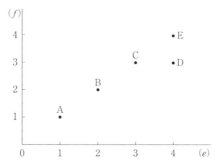

図6.2 性別役割 (e)(f) への回答パターン（散布図）

のような回答を示したとする（回答はともに「4＝そう思う」〜「1＝そうは思わない」の4段階）である。この回答を散布図の形で示すと図6.2のようになる。

次に，この図6.2において第1主成分を求める。第1主成分を見出すことは，図6.2の5つの点のばらつきをもっともよく説明する軸を見出すことである。次頁の図6.3で説明すると，①各点から第1主成分（軸）までの垂線の距離（図6.3の破線部）の二乗和が最小となり，②各点から第1主成分（軸）までの垂線の足（各点から主成分におろした垂線と主成分の交点）と2変数の平均の座標の距離（図6.3の矢印の部分）の二乗和が最大になる軸を見出すことを意味する（林ほか 2017: 159）。

その際，重みは以下の手順で求める。まず（6.2）式の制約（式からわかるようにすべての重みの二乗和が1となる）のもと，主成分得点の分散（V）を（6.3）式から求める。

第 6 章 線形結合による総合変数の構成——主成分分析

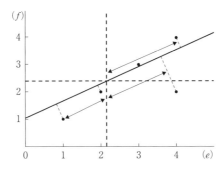

図6.3 性別役割 (e) (f) への回答パターン（散布図）

$$w_1{}^2 + w_2{}^2 + w_3{}^2 + \cdots\cdots + w_m{}^2 = 1 \tag{6.2}$$

$$V = \frac{1}{n-1}\sum_{i=1}^{n}(w_1 X_{1i} + w_2 X_{2i} + \cdots\cdots + w_p X_{pi})^2 \tag{6.3}$$

そして，(6.3) 式の分散 V が最大になるよう重みの $w_1, w_2 \cdots w_p$ を求めることになる。主成分の分散は，その主成分がどれだけ情報のばらつきを表現できているかを意味するため，分散が大きいほど主成分のもつ情報量が多いことになるからである。したがって，大きな分散が得られる重みを探すことが目的となる（林ほか 2017: 160）。この主成分の分散を求める演算法の実際については上田（2003）などを参照されたい。

さらに，第 1 主成分を決めたら，第 1 主成分とは相関しないという条件下で，つまり第 1 主成分と直交するかたちで分散が最大になるように，第 2 主成分を決める。第 3 主成分以降も同様にして決定していくことになる。

またこの演算の結果，固有値が得られるが，これは主成分のばらつきを示し，固有値が大きいほどその主成分は情報量が多く，観測値を説明する程度である寄与率も大きくなる。

2.3 主成分負荷量の算出

さらにこれらの各固有値には，固有ベクトルが 1 組ずつ求められる。固有ベクトルは，各変数から主成分得点を計算するための変換式の係数に当たり，こ

れによってそれぞれの観測個体の主成分得点も計算できる。こうして求められた各個体の主成分得点は，他の量的変数と同様に扱うことができるので，相互の相関や偏相関を計算したり，多変量解析に用いることができる（林ほか 2017）。

また，主成分の解釈を行うには，主成分のばらつきを示す固有値の大きさを考慮する必要がある。そこで固有ベクトルと固有値をもちいて主成分負荷量を算出するのが一般的である。主成分負荷量 r_y は，（6.4）式に示したように，固有ベクトル ω_y に固有値 λ の平方根をかけて求める。

$$r_y = \omega_p \sqrt{\lambda} \tag{6.4}$$

なお，主成分分析は，先に述べたように，独自性を考慮しない。また主成分分析では軸の回転も行わない。主成分分析では，第1主成分の因子寄与を大きくしようとするものだからである。そして，主成分の軸が直交していたことからわかるように，異なる主成分どうしは無相関とみなす。

③ 主成分分析の実際

3.1 主成分分析の手順

ここでは第7回「青少年の性行動全国調査」の問22（a）〜（e）（表6.2参照）にある逸脱的性行動への可否を問う5項目，たとえば「愛情がなくてもセックス（性交）をすること」への可否への回答（「4＝かまない」〜「1＝よくない」と得点化し，「わからない」を欠損値とした）をもとに逸脱的性行動の許容度という総合指標を作成し，大学生女子の家族への適応の度合いにより逸脱的性行動の許容度が異なるかみてみよう。

本書第5章でも述べたように，主成分分析を行うには，SPSS の場合，「分析」→「次元分解」→「因子分析」で用いる変数を指定したのち，因子抽出のダイアログボックスで「主成分法（または「主成分分析」）を選択し，同時に「表示：回転のない因子解」を選択する（図6.4）。また今回は主成分得点を使ってさらに分析をするので，「得点」のボックスで「変数として保存」にもチェックを入れておく（図6.5）。

第6章 線形結合による総合変数の構成——主成分分析

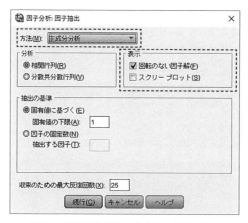

図6.4 因子抽出方法のダイアログボックス

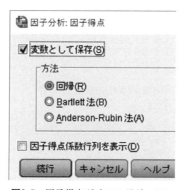

図6.5 因子得点ダイアログボックス

　以上の手順で，大学生女子を対象にした主成分分析を行うと，SPSSから次頁のような出力が得られる。

　次頁の図からわかるように，主成分分析の場合，まず共通性（主成分によって説明される各変数の分散の割合）が出力され，次いで変数の数だけ主成分が表示され，「合計」の列に固有値，「分散の％」の列に寄与率が表示される。最後の成分行列に示されたものが主成分負荷量にあたる。

共通性

	初期	因子抽出後
問22 (a) 性的な行為：愛情がなくてもセックス（性交）をすること（*）	1.000	.731
問22 (b) 性的な行為：お金や物をもらったりあげたりしてセックス（性交）をすること（*）	1.000	.639
問22 (c) 性的な行為：付き合っている人のいる人が、その相手以外の人とセックス（性交）をすること（*）	1.000	.529
問22 (d) 性的な行為：知り合ってすぐの相手とセックス（性交）をすること（*）	1.000	.627
問22 (e) 性的な行為：できちゃった結婚（妊娠をきっかけとした結婚）をすること（*）	1.000	.207

因子抽出法：主成分分析

説明された分散の合計

成分	初期の固有値			抽出後の負荷量平方和		
	合計	分散の %	累積 %	合計	分散の %	累積 %
1	2.733	54.652	54.652	2.733	54.652	54.652
2	.908	18.152	72.805			
3	.574	11.487	84.292			
4	.476	9.518	93.810			
5	.309	6.190	100.000			

因子抽出法：主成分分析

第6章 線形結合による総合変数の構成——主成分分析

成分行列[a]

	成分 1
問22(a) 性的な行為：愛情がなくてもセックス（性交）をすること（*）	.855
問22(b) 性的な行為：お金や物をもらったりあげたりしてセックス（性交）をすること（*）	.800
問22(c) 性的な行為：付き合っている人のいる人が、その相手以外の人とセックス（性交）をすること（*）	.727
問22(d) 性的な行為：知り合ってすぐの相手とセックス（性交）をすること（*）	.792
問22(e) 性的な行為：できちゃった結婚（妊娠をきっかけとした結婚）をすること（*）	.455

因子抽出法：主成分分析
a 1 個の成分が抽出されました

　この結果は，まとめると表6.2のようになる。なお因子分析とは異なり，共通性は計算されない。

表6.2　逸脱的性行動に対する許容度の主成分分析

項　　目	主成分負荷量
(a) 愛情がなくてもセックスをすること	0.855
(b) お金や物をもらったりあげたりしてセックスをすること	0.800
(c) 付き合っている人のいる人が，その相手以外の人とセックスをすること	0.727
(d) 知り合ってすぐの相手とセックスをすること	0.792
(e) できちゃった結婚（妊娠をきっかけとした結婚）をすること	0.455
固有値	2.733
寄与率	54.7

ここに示された統計量を改めて確認すると以下のようになる。

87

（1）主成分負荷量

　　因子分析の因子負荷にあたるもので，その主成分と観測変数の相関を表す。今回は主成分が1つ抽出されただけであるが，（a）から（e）の項目はいずれも第1主成分と高い正の相関を示すので，この第1主成分は，逸脱的性行動に対する許容度の主成分とみなすことができる。なお，主成分が2つ以上，抽出された場合には，因子分析と同様，主成分負荷量をもとに主成分の解釈を行うことになる。

（2）固有値

　　主成分の分散を示し，これが大きいほど情報量が多い。因子分析と同様，固有値1以上の主成分が出力される。なお，SPSSのデフォールトでは固有値1以上の主成分が採用されるが，本章第5章で述べたスクリープロットもオプションで出力できるので，これを用いて主成分数を検討することもできる。

（3）寄与率

　　因子分析と同様，その主成分が説明する分散の割合を示す。今回の例では第1主成分で観測値の分散の54.7%が説明されていることになる。

3.2　主成分得点の利用

　以上で，逸脱的性行動の許容度という総合指標（主成分）を作成できた。次にこの指標を使った実際の分析をしてみよう。石川（2013）によれば，家族を「楽しくない」とする高校生女子ほど性交経験率が高く，性的被害の経験率も高いという。では，大学生女子の場合も家族適応（高適応「1 ＝（家族が）楽しい」，低適応「2 ＝楽しくない」，中適応「3 ＝どちらともえいない」）によって逸脱的性行動の許容度が異なるかみてみよう。

　逸脱的性行動の許容度という総合指標は，「得点」のダイアログボックスで「変数として保存」にもチェックを入れておくと，データの末尾にFAC1_1という変数名で入っている。

　そこで家族適応によってこの指標に有意差があるか分散分析で調べると，以下に示したように，0.1%水準で有意差がみられる。

第6章 線形結合による総合変数の構成——主成分分析

分散分析

REGR factor score 1 for analysis 1

	平方和	自由度	平均平方	F 値	有意確率
グループ間	26.439	2	13.220	13.465	.000
グループ内	1260.557	1284	.982		
合計	1286.995	1286			

　そこで，実際に家族適応の水準ごとに逸脱的性行動の許容度の主成分得点の平均値を集計すると，表6.3のようになる。家族に適応している者では−0.089と低いが，不適応の者のでは0.319となる。なお，主成分得点は，平均0，分散1の標準得点に標準化されている。

表6.3　家族適応別にみた逸脱的性行動許容度

家族適応	主成分得点	N
高適応	− 0.089	913
中適応	0.182	276
不適応	0.319	98

【例題6.1】

　表6.3からみて，家族への適応度が高いほど，逸脱的性行動への許容度が低いといえるか[ア]。

　もう1つ主成分得点を用いた研究例を紹介しよう。それは，権威主義の研究である。1995年と2005年の「社会階層と社会移動全国調査」（SSM 調査）では，権威主義に関する項目として，「権威のある人々にはつねに敬意をはらわなければならない」「以前からなされてきたやり方を守ることが，最上の結果を生む」「伝統や慣習にしたがったやり方に疑問をもつ人は，結局は問題をひきおこすことになる」「この複雑な世の中で何をなすべきか知る一番よい方法は，指導者や専門家にたよることである」という4項目が取り上げられている（回答は「そう

ア　逸脱的性行動の許容度の主成分得点は，家族適応が高いほど小さな値（負の値または小さな正の値）を示すので，家族への適応度が高いほど，逸脱的性行動への許容度が低いといえる。

思う」～「そうは思わない」の5段階＋「わからない」）。

　この項目を主成分分析した轟（2011）は，固有値1以上の主成分を1つ見出し，これを権威主義的態度の主成分とした。次に，この主成分得点と政治意識（自民党支持）や性別分業意識との相関を1995年と2005年で計算した。その結果は表6.4に示した。

表6.4　権威主義との相関関係の時点間比較

	1995年 男性	2005年 男性	1995年 女性	2005年 女性
自民党支持	0.214	0.074	0.187	0.130
性別分業1（分　業）	0.221	0.230	0.261	0.276
性別分業2（育て方）	0.107	0.104	0.201	0.231
性別分業3（適　性）	0.198	0.118	0.279	0.214

（出典）轟（2011: 89）より筆者作成

【例題6.2】

　表6.4からみて，権威主義的意識と政党支持や性別分業意識との相関がどのように変わり，また，どのような点では変化がみられなかったかを述べよ[イ]。

④　まとめ

　主成分分析とは，いくつもの観測変数を，より少ない指標や合成変数に要約する手法である。この手法は「次元の縮小」「情報の縮約」と呼ばれ，要約した合成変数のことを「主成分」と呼ぶ。社会学では，権威主義や性別役割意識などの社会意識についていくつかの項目で尋ね，そのデータをもとに主成分分析をおこない，総合的尺度を作ることがある。その際，個々の変数（質問項目）に重みづけをして足し合わせることになるので，主成分分析のモデルもまた，重回帰分析などと同じように，線形結合式からなっている。この線形結合

イ　男女とも権威主義と自民党支持との関連は弱まっている。しかし，性別役割意識に関しては，男女とも性別分業3（適性）「家事や育児には，男性よりも女性がむいている」という意識との相関は弱まったものの，それ以外の項目では男女とも権威主義と性別役割意識の関連に大きな変化はみられない。

第6章　線形結合による総合変数の構成——主成分分析

式で主成分を求めるには,

①データの重心（平均値）を計算する。

②重心からデータの分散が最大となる方向（第1主成分）を決定する。

③第1主成分と直交する方向で分散が最大となる方向（第2主成分）を算出する。

あとは同様の方法で主成分を算出していくことになる。

　また主成分分析では，個々の観測個体（回答者）ごとに，各主成分得点が計算されるため，それを用いて観測個体の属性（性別や学歴や職業など）による主成分得点の差異などについて，追加的な分析をすることも可能である。

【学習課題】

Q6.1　1995年と2005年の「社会階層と社会移動全国調査」（SSM調査）では，89頁に示した4つの項目で権威主義を測定している。轟（2011）は，このデータを主成分分析して，権威主義の主成分を抽出し，これを規定する階層的要因を重回帰分析によって検討した。それをもとに，1995年と2005年について比較したところ，男性については以下の表6.5のような結果を得た。この表からは，この10年の間に権威主義を規定する階層的要因の在り方にどのような変化があったといえるか。

表6.5　権威主義の階層性：男性（重回帰分析・ベータ係数）

	1995年	2005年
年　齢	0.160**	0.035
本人教育年数	−0.176**	−0.090*
本人職業	−0.037	−0.009
世帯年収	−0.084*	−0.063
R^2	0.094**	0.018*
N	863	693

（注）**：：$p<0.01$　*：$p<0.05$

（出典）（轟 2011: 87）より筆者作成

Q6.2　第7回「青少年の性行動全国調査」では高校生以上の対象者に対して，問22（a）〜（e）で逸脱的な性行動に対する態度について尋ねている。この回答から高校生の回答を取り出し，主成分分析を行い，主成分を抽出せよ（なお「わからない」という回答は欠損値にする）。

Q6.3　上記の問22（a）〜（d）のデータについて，高校生各自の主成分得点を書き出した後，それを性別ごとに平均し，t 検定により有意な男女差があるか検討せよ。

第7章

重回帰分析の展開（1）
──ダミー変数と交互作用

━━━ **本章の目標** ━━━

重回帰分析の展開として，離散変数から作成したダミー変数を独立変数に用いる方法を学習する。さらに，重回帰分析における交互作用効果の検討方法を取り上げる。これらの方法を学ぶことで，重回帰分析において，より複合的な因果メカニズムの推論ができるようになる。

キーワード　離散変数　重回帰分析　ダミー変数　交互作用効果

1 ダミー変数を用いた重回帰分析

1.1 カテゴリーが2つある離散変数を用いる場合

回帰分析は，もともと従属変数と独立変数がどちらも連続変数の場合の分析手法だが，**離散変数**を用いることもできる。ここでは，独立変数に離散変数を用いる方法を解説する（なお，従属変数が離散変数の場合は，本書第10章と第11章で学ぶロジスティック回帰分析などの手法がある）。

社会調査データの分析では，性別や学歴，職業，地域などの離散変数を用いることが多い。このような離散変数は，**ダミー変数**として設定すれば，**重回帰分析**に用いることができる。ダミー変数とは，ある属性が存在する場合に1を，存在しない場合に0をとる変数である。以下で説明するように，離散変数を重回帰分析に用いる場合，もとの離散変数のカテゴリーが2個なら1つのダミー変数，もとの離散変数のカテゴリーが3個なら2つのダミー変数というように，カテゴリー数がj個だとすると$j-1$個のダミー変数を設定すればよい。

たとえば，性別をダミー変数として使ってみよう。本書で扱っている第7回「青少年の性行動全国調査」では，性別は以下のようにコード化されている。

1 = 男子

2 = 女子

性別の場合はカテゴリーが2つあるため，たとえば，以下のようにダミー変数（D）を1つ設定すればよい。

$D=$回答者が男子ならば1，そうでないならば0

こうして作成したダミー変数を，ここでは，値を1にしたカテゴリーの名称から「男子ダミー」と呼ぶ。後に説明するように，このダミー変数は0としたカテゴリー（この場合は女子）を基準として，1としたカテゴリー（この場合は男子であること）が従属変数におよぼす効果をみていることになるからである。したがって，名称を「性別ダミー」のようにしてしまうと，値が1のときと0のときにそれぞれ何を意味するかがわからず，分析結果を解釈する際に混乱してしまう。わかりやすい変数名にするのが大切である。

さて，独立変数が1つの回帰分析にこのダミー変数を1つ追加すると，予測式は次のようになる。XとDが独立変数，b_1とb_2が偏回帰係数である。

$$\hat{Y}_i = a + b_1 X_i + b_2 D_i \tag{7.1}$$

この（7.1）式のうち，D_iの値は，回答者が男子の場合には1，女子の場合には0をとる。そこでこれらを代入すると，男女それぞれの予測式は次のようになる。

男子　$\hat{Y}_i = a + b_1 X_i + b_2(1) = a + b_1 X_i + b_2 = (a + b_2) + b_1 X_i \tag{7.2}$

女子　$\hat{Y}_i = a + b_1 X_i + b_2(0) = a + b_1 X_i \tag{7.3}$

この予測式を図示すると，図7.1のように平行な2本の直線となる。ここでは傾きb_1の符合が正と想定しているので右上がりの直線になっている。また，女子の切片はa，男子の切片は$a+b_2$であるため，b_2が正の値であれば，男子の予測値は女子の予測値よりもb_2分だけ大きい値になる。このことは（7.2）式と（7.3）式の比較からも確認できる。

第7章　重回帰分析の展開（1）——ダミー変数と交互作用

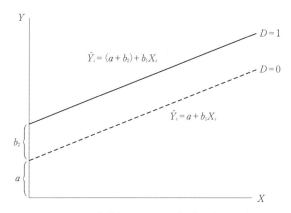

図7.1　ダミー変数を1つ用いた重回帰分析の概念図

　このように，ダミー変数を独立変数とする重回帰分析の偏回帰係数は，値を0としたカテゴリーを基準として，値を1としたカテゴリーが従属変数に対してどのような効果をもつのかを示す。また，値を0としたカテゴリーのことを**基準カテゴリー**と呼ぶ。図7.1からわかるように，ダミー変数の偏回帰係数は，値を1としたカテゴリーにおける予測値が基準カテゴリーの予測値とどれだけ隔たっているかを表すことになる。

　それでは，2011年の第7回「青少年の性行動全国調査」データを用いて，性のリスク意識を従属変数，「男子ダミー」（男子＝1，女子＝0としたダミー変数）と「友人との性に関する会話」を独立変数として重回帰分析を行ってみよう。

　以下に，SPSSの出力を示した。「モデルの要約」の表から決定係数が0.153であること，「分散分析」の表からそれが0.1％水準で統計的に有意であることがわかる。「係数」では，男子ダミーの偏回帰係数が−0.279，友人との会話の偏回帰係数が−0.484でどちらも0.1％水準で統計的に有意になっている。友人との性についての会話が多いほど性のリスク意識が低いことは，すでに本書第4章の例でわかっていた。一方，男子ダミーの偏回帰係数の符合が負であることは，男子は女子に比べて性のリスク意識が低いことを示している。

モデルの要約

モデル	R	R2 乗	調整済み R2 乗	推定値の標準誤差
1	.391[a]	.153	.152	.845

a. 予測値: (定数)、男子ダミー, 友人との会話（逆転）

分散分析[a]

モデル		平方和	自由度	平均平方	F 値	有意確率
1	回帰	913.276	2	456.638	639.497	.000[b]
	残差	5070.531	7101	.714		
	合計	5983.807	7103			

a. 従属変数 性のイメージ：楽しいか

b. 予測値: (定数)、男子ダミー, 友人との会話（逆転）

係数[a]

モデル		非標準化係数		標準化係数	t 値	有意確率
		B	標準誤差	ベータ		
1	(定数)	3.494	.030		117.015	.000
	友人との会話（逆転）	-.484	.015	-.355	-32.466	.000
	男子ダミー	-.279	.020	-.151	-13.789	.000

a. 従属変数 性のイメージ：楽しいか

【例題7.1】

　以上の分析結果から，空欄を埋めながら予測式を作るとともに，それを図示するとどのようになるかを考えよ。

　（1）切片は（　ア　），独立変数の偏回帰係数は友人との会話が（　イ　），男子ダミーが（　ウ　）であることから，全体の予測式は以下のようになる。

$$\text{全体} \quad \hat{Y}_i = (\quad ア \quad) + (\quad イ \quad)X_i + (\quad ウ \quad)D_i$$

　（2）男子ダミー D_i には，男子では（　エ　），女子では（　オ　）を代入すればよい。これにより男子と女子の予測式は以下のようになる。

ア　3.494　　イ　-0.484　　ウ　-0.279

第7章　重回帰分析の展開（1）──ダミー変数と交互作用

男子　　$\hat{Y}_i = 3.494 - 0.484X_i - 0.279（　エ　）=（　カ　）- 0.484X_i$

女子　　$\hat{Y}_i = 3.494 - 0.484X_i - 0.279（　オ　）= 3.494 - 0.484X_i$

（3）予測式の偏回帰係数は男子も女子も同じ値だが，符合は（正・負）[キ]で
　　ある。これを図にするとしたら，平行な（右下がり・右上がり）[ク]の直線
　　になる。また，男子の切片は女子の切片よりも少し（上・下）[ケ]になる。

　なお，この例では「男子ダミー（男子＝1，女子＝0）」を用いたが，「女子ダ
ミー（男子＝0，女子＝1）」として分析することもできる。すると，分析結果全
体は変わらないが，ダミー変数の偏回帰係数の符合は逆に，つまりこの場合は
0.279という正の値になる。どちらを0，どちらを1にするかは，各カテゴリー
の持つ意味合いや，結果をどう説明したらよいかを考慮して，分析者が判断す
ることになる。

1.2　カテゴリーが3つある離散変数を用いる場合

　次に，3カテゴリーの離散変数をダミー変数として用いる場合について確認
しよう。たとえば，第7回「青少年の性行動全国調査」は，大学生，高校生，中
学生を対象にしている。この学校段階は3カテゴリーの離散変数である。

　　　　1＝中学生
　　　　2＝高校生
　　　　3＝大学生

　3カテゴリーの場合に必要なダミー変数は$j-1＝3-1＝2$より，2つである。
したがって，以下のように2つのダミー変数を設定すればよい。

　　　D_1＝回答者の学校段階が中学生ならば1，そうでないならば0
　　　D_2＝回答者の学校段階が大学生ならば1，そうでないならば0

────────────────────

エ　1　　オ　0　　カ　3.215　　キ　負　　ク　右下がり　　ケ　下

この D_1（中学生ダミー）と D_2（大学生ダミー）の2つのダミー変数で3つのカテゴリーがどう表現されるかを示すと，表7.1のようになる。中学生は D_1 が1で D_2 が0となる。同じように，大学生は D_1 が0で D_2 が1となる。最後に，高校生は D_1 も D_2 も0となる。このように，2つのダミー変数を用いれば，高校生も含めた3つのカテゴリーのパターンが表現できるのである。

表7.1 学校段階のカテゴリーとダミー変数の値

	D_1	D_2
中学生	1	0
高校生	0	0
大学生	0	1

では次に，この「中学生ダミー」と「大学生ダミー」の2つのダミー変数を，もともと独立変数が1つのモデルに追加した場合の予測式を考えてみよう。X がもともとのモデルに入っていた独立変数，D_1, D_2 が新たに独立変数として加えるダミー変数，b_1 と b_2, b_3 が偏回帰係数である。

$$\hat{Y}_i = a + b_1 X_i + b_2 D_{1i} + b_3 D_{2i} \tag{7.4}$$

学校段階ごとに表7.1に示した0または1のダミー変数の値を代入すると，以下のように予測式を求めることができる。たとえば，中学生であれば，D_1 に1，D_2 に0のように代入していけばよい。

中学生　$Y_i = a + b_1 X_i + b_2(1) + b_3(0) = a + b_1 X_i + b_2 = (a + b_2) + b_1 X_i$
$$\tag{7.5}$$

高校生　$Y_i = a + b_1 X_i + b_2(0) + b_3(0) = a + b_1 X_i \tag{7.6}$

大学生　$Y_i = a + b_1 X_i + b_2(0) + b_3(1) = a + b_1 X_i + b_3 = (a + b_3) + b_1 X_i$
$$\tag{7.7}$$

3つの式を比べると，中学生の予測値は高校生の予測値に b_2 を加えたもの，大学生の予測値は同じく高校生の予測値に b_3 を加えたものになっていることがわかる。つまり，ここでは高校生が基準カテゴリーになっており，D_1（中学生ダミー）と D_2（大学生ダミー）の偏回帰係数である b_2 と b_3 は，中学生と大学生

の予測値が基準カテゴリーである高校生の予測値から各々どれだけ隔たっているかを示している。

【例題7.2】

以下の空欄を埋め，この場合の予測式を図示するとどうなるかを考えよ。

（1）（7.6）式より，高校生の予測式を図示すると切片がa，傾きがb_1の直線になる。また（7.5）式と（7.7）式より，中学生と大学生の傾きは（　コ　）であるため，高校生と（交わる・平行な）サ）直線になる。

（2）中学生と大学生の切片は，それぞれ$a+b_2$と$a+b_3$である。このため中学生と大学生の直線は，b_2やb_3の符合が正なら高校生よりも（上・下）シ）に，負であれば高校生よりも（上・下）ス）になるはずだ。

このように3つ以上のカテゴリーがある離散変数をダミー変数にする場合は，どのカテゴリーを基準カテゴリーに設定するかが重要である。ダミー変数の効果は基準カテゴリーとの比較となるため，まずは，結果を解釈するときの意味を考慮して基準カテゴリーを選ぶのがよい。もしそれが順序づけできる離散変数ならば，一番上か一番下のカテゴリー，あるいはこの例のように中間に位置するカテゴリーを基準にするとわかりやすくなることが多い。さらに，基準とするカテゴリーに該当するケースが少ないと標準誤差が大きくなり安定した結果が得られない。こうした点も考慮して基準カテゴリーを設定しよう。

なお，3つ以上のカテゴリーがあれば，基準カテゴリー以外のカテゴリー間に統計的に有意な差があるかは確認できない。この例だと，高校生と中学生，高校生と大学生の間の差はそれぞれ検定の対象になるが，中学生と大学生の間に有意差があるかはわからないのである。それを知るためには，あらためて別のカテゴリー（具体的には中学生か大学生）を基準カテゴリーとして分析を繰り返すことになる。

コ　b_1　　サ　平行な　　シ　上　　ス　下

2 ダミー変数を用いた重回帰分析における交互作用効果

2.1 交互作用項を含む重回帰分析のモデル

交互作用効果とは「第3変数のカテゴリーによって2変数の関連が異なること」である（Knoke et al. 2002: 277）。より詳しく説明すれば，交互作用項，すなわち複数の独立変数の組み合わせが，従属変数と独立変数の関係にもたらす効果のことである。すでに本書第2章では二元配置の分散分析における交互作用効果を説明した。重回帰分析でも，このように第3変数を投入して，もとの独立変数と従属変数の関係が第3変数のカテゴリーによって異なるのか，つまり交互作用効果があるのかを検討することができる。

ここでは，2カテゴリーの離散変数をダミー変数として用いて交互作用効果を検討する例で考えてみよう。

独立変数のうち1つが連続変数でもう1つがダミー変数のとき，予測式は以下のようになっていた。

$$\hat{Y}_i = a + b_1 X_i + b_2 D_i \tag{7.1}$$

重回帰分析で交互作用効果を検討する際には，このような回帰式に，2つの独立変数の積の項を投入すればよい。このとき，積のもととなる2つの独立変数を必ず回帰式に含まなければならない。したがって，2つの独立変数の交互作用効果を検討するための予測式は，次のようになる。右辺の第4項が，ダミー変数 D と連続変数 X の積からなる交互作用項にその偏回帰係数 b_3 がついたものになっている。

$$\hat{Y}_i = a + b_1 X_i + b_2 D_i + b_3 D_i X_i \tag{7.8}$$

例えば，このダミー変数が性別だとしよう。性別を男子ダミー（男子 = 1，女子 = 0）として投入するなら，男子の場合 D の値は1になるので，（7.8）式は以下のようになる。

男子　$\hat{Y}_i = a + b_1 X_i + b_2(1) + b_3(1) X_i$
　　　　$= a + b_1 X_i + b_2 + b_3 X_i$ (7.9)
　　　　$= (a + b_2) + (b_2 + b_3) X_i$

この式は，$a + b_2 = c$, $b_1 + b_3 = d$ と置き換えて，次のように表すことができる。

$$\hat{Y}_i = c + dX_i \quad (7.10)$$

一方，回答者が女子の場合，Dの値は0であるため，(7.8) 式に代入すると以下のようになる。

女子　$\hat{Y}_i = a + b_1 X_i + b_2(0) + b_3(0) X_i$
　　　　$= a + b_1 X_i$ (7.11)

このように，もともと2カテゴリーの離散変数をダミー変数として用いた場合，交互作用項を含む予測式が (7.8) 式のように1つであっても，実際には独立した2つの式 (7.10) 式と (7.11) 式が得られる。これを図にすれば，切片も傾きも異なる2本の直線となる (図7.2)。

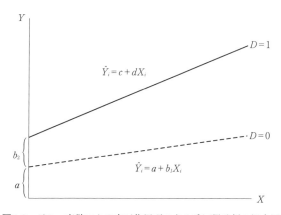

図7.2 ダミー変数による交互作用項のある重回帰分析の概念図

先に $a + b_2 = c$, $b_1 + b_3 = d$ と置き換えていたが，これを，あらためて図7.2で確認しておこう。$D = 1$ のとき，すなわちこの例では男子の場合，切片 c は $D = 0$

の女子の切片 a に b_2 を加えたものになっている。

　また，男子の傾き d は，女子の傾き b_1 に b_3 を加えたため，女子の直線と平行ではなくなっている。この図では b_2 も b_3 も符合が正と仮定して作成しているので，男子の切片が女子よりも上にあり，男子の傾きが女子よりも大きくなっている。b_2 の符合が負であれば切片が女子より下になり，b_3 が負であれば傾きが女子よりも小さくなるであろう。その組み合わせによっては2つの直線が交差することもありうる。

2.2　分析例──交互作用項を含む重回帰分析

　交互作用項を含んだ重回帰分析の例について確認してみよう。ここでは，先に示した，性別ダミーと友人との会話が独立変数，性のリスク意識が従属変数の重回帰分析に，性別ダミーと友人との会話の交互作用項を追加してみた。SPSS では，新たな変数として変数の積による交互作用項を作って投入する。すると，以下の結果が得られる（ここでは結果の概略だけ説明するため，「係数」の表だけを示す）。男子ダミーは統計的に有意ではなくなり，性別（男子ダミー）と友人との会話の交互作用項は有意になっている。

係数[a]

モデル		非標準化係数		標準化係数	t値	有意確率
		B	標準誤差	ベータ		
1	(定数)	3.391	.039		87.620	.000
	友人との会話（逆転）	-.427	.020	-.313	-21.043	.000
	男子ダミー	-.053	.058	-.028	-.908	.364
	交互作用：男子と会話	-.125	.030	-.138	-4.166	.000

a. 従属変数 性のイメージ：楽しいか

【例題7.3】

　この結果をもとに，（　）を埋めながら予測式を書き，それを図示するとどうなるかを考えよ。また，それらを踏まえて，ここでの交互作用効果がどのようなものかを説明しなさい。

　（1）予測式は，(7.8) 式と (7.9) 式，(7.11) 式に「係数」の表から値を代

第7章　重回帰分析の展開（1）——ダミー変数と交互作用

入して以下のように求められる。

全体　$\hat{Y}_i = 3.391 - 0.427X_i - 0.053D_i - 0.125D_iX_i$

男子　$\hat{Y}_i = \{3.391 + (\quad セ \quad)\} + \{-0.427 + (\quad ソ \quad)\}X_i$

　　　　$= (\quad タ \quad) + (\quad チ \quad)X_i$

女子　$\hat{Y}_i = 3.391 - 0.427X_i$

　女子の切片が3.391であるのに対して，男子の切片は（　タ　）で，男子ダミーの偏回帰係数 b_2 の符合が（正・負）ツ）であることから女子よりも小さな値になった。傾きは，女子が -0.427，男子は（　チ　）である。

（2）これを踏まえて図を描くとすれば，男子の直線の切片は女子の切片よりも少しだけ（上・下）テ）にある。また，男女とも偏回帰係数の符合が負になっているため，どちらも右下がりの直線だが，男子は女子よりも偏回帰係数の絶対値が（大きい・小さい）ト）。つまり，男子は女子に比べて，切片がやや（高く・低く）ナ），傾きが（大きい・小さい）ニ）右下がりの直線になる。

（3）男子の方が傾きが（　ニ　）ということは，女子よりも男子の方が，性のリスク意識（Y）に対する友人との会話（X）の効果が大きいという意味である。すなわち，この分析からわかったのは，男女ともに友人と性についての会話をする生徒ほど性のリスク意識が低い傾向があり，さらに会話によってリスク意識が低くなる傾向は女子よりも男子で（強い・弱い）ヌ）ということである。

　この結果を，SPSS による他の表の情報も含めてまとめると，表7.2のようになる。「男子ダミー」については基準カテゴリーが女子であることが明確であるため特に示していないが，基準カテゴリーが何かわかりにくい場合や，もともと3カテゴリー以上の離散変数をダミー変数として用いる場合などは，「中学生ダミー（ref. 高校生）」のように，基準カテゴリーを表中に明記すべきである（こ

セ　-0.053　　ソ　-0.125　　タ　3.338　　チ　-0.552　　ツ　負　　テ　下　　ト　大きい
ナ　低く　　ニ　大きい　　ヌ　強い

103

れについては学習課題 Q7.3 の例を参照)。

　また，交互作用項は，「男子ダミー×友人との会話」のように2つの変数の積として示せばよい。

表7.2　性のリスク意識を従属変数とする重回帰分析

	b	S.E.	β
定　数	3.391***	.039	
友人との会話	-.427***	.020	-.313
男子ダミー	-.053	.058	-.028
男子ダミー×友人との会話	-.125***	.030	-.138
R^2	.155***		
Adj. R^2	.154***		
N	7104		

(注) B：偏回帰係数　S.E.：標準誤差　β：標準偏回帰係数
　　　***：$p < 0.001$

　ちなみに，交互作用項を追加するのではなく，男女を分けてそれぞれ独立変数として友人との会話を使った単回帰分析を行うと，以下の結果が得られる（「係数」の表のみ示す）。上の男女それぞれの予測式と比べてみよう。四捨五入のため少しだけ値が異なっているが，ダミー変数を使って交互作用効果を検討した場合と，それぞれのカテゴリー別に重回帰分析を行った場合とで，同じ予測式が得られることがわかる。

　しかし，このようにカテゴリー別に重回帰分析を行うと，その傾き（偏回帰係数）の違いが統計的に有意なものかを確認できない。ダミー変数を使った重回帰分析で交互作用効果を検討することには，それを確かめられる優位性があると言えよう。

【男子】

係数[a]

モデル		非標準化係数		標準化係数	t 値	有意確率
		B	標準誤差	ベータ		
1	(定数)	3.339	.044		75.180	.000
	友人との会話（逆転）	-.551	.023	-.403	-24.431	.000

a. 従属変数 性のイメージ：楽しいか

第7章 重回帰分析の展開（1）——ダミー変数と交互作用

【女子】

係数[a]

| モデル | | 非標準化係数 | | 標準化係数 | t値 | 有意確率 |
		B	標準誤差	ベータ		
1	（定数）	3.391	.038		89.610	.000
	友人との会話（逆転）	-.427	.020	-.321	-21.520	.000

a. 従属変数 性のイメージ：楽しいか

③ まとめ

　本章では，重回帰分析の展開として，ダミー変数の利用と交互作用効果の検討について説明してきた。

　ダミー変数を利用すれば，社会調査でよく用いられる離散変数を重回帰分析に用いることが可能となり，分析のバリエーションが広がることがわかったのではないだろうか。

　また，分析結果から交互作用効果の存在が見出されたとき，データ分析の内容はいっそう興味深いものになる。独立変数の効果が人々のカテゴリーによって異なるということは，そうしたカテゴリーを含む集団や組織の特性を理解することにつながる。あるいは，分析が問題解決のためであれば，カテゴリーによって異なるアプローチが求められるということかもしれない。2変数のクロス集計に第3変数を導入するエラボレーションや，二元配置の分散分析でも同じことがいえるが，交互作用効果を検討することは，われわれが所属する社会にある属性や集団，組織などのカテゴリーがもつ意味をひとつ掘り下げて考察することにつながる。

　最後に，こうした分析の注意点を整理しておこう。分析に投入する交互作用項は，原理的には3つ以上の変数の積で作成することもできる。しかし，3変数の交互作用となると結果の解釈は非常に複雑になる。

　また，交互作用項はもとの独立変数の積であるため，もとの独立変数との相関係数が大きな値になり多重共線性の問題が生じる場合もある。このようなことも念頭におき，分析の焦点をどのカテゴリーに置くかを考慮しつつ，場合に

よっては大胆にカテゴリーを合併して単純化してからダミー変数を使うことを試みる必要もあるだろう。

　ダミー変数の利用や交互作用効果の検討については，本章で説明したやり方に加えて，さらに発展的な方法もある。カテゴリーの順序を活かしたダミー変数の使い方，全体平均を基準としたエフェクトコーディングなどについては，三輪・林（2014）を参照して欲しい。

　なおここで説明したダミー変数を用いた分析の方法は，本書第1章で述べた一般線形モデルの枠組みでは，分散分析系の手法と同じものと捉えられる。たとえば，2カテゴリーの離散変数から作成したダミー変数1つだけを独立変数にした単回帰分析は t 検定に，2つ以上のダミー変数を独立変数にした重回帰分析は分散分析に，それぞれ相当する。また，連続変数とダミー変数を独立変数にした重回帰分析は，共分散分析と同じものと考えることができる。

【学習課題】

Q7.1　第7回「青少年の性行動全国調査」で，高校生の交際経験人数について重回帰分析を行った。従属変数は「これまで付き合った人数」，独立変数は家族適応の程度（家庭を「楽しい」と答えた者を3，「どちらともいえない」と答えた者を2，「楽しくない」と答えた者を1とした）と男子ダミー，および男子ダミーと家族適応の交互作用項である。以下に示す SPSS の出力から分析結果を表にまとめ，何がわかるかを説明せよ。

モデルの要約

モデル	R	R2 乗	調整済み R2 乗	推定値の標準誤差
1	.113[a]	.013	.011	1.955

a. 予測値: (定数)、交互作用: 男子と適応, 家族適応（順序）, 男子ダミー

第7章　重回帰分析の展開（1）──ダミー変数と交互作用

分散分析^a

モデル		平方和	自由度	平均平方	F 値	有意確率
1	回帰	124.226	3	41.409	10.837	.000^b
	残差	9686.102	2535	3.821		
	合計	9810.328	2538			

a. 従属変数 これまで付き合った人数

b. 予測値:(定数)、交互作用：男子と適応，家族適応（順序），男子ダミー

係数^a

モデル		非標準化係数		標準化係数	t 値	有意確率
		B	標準誤差	ベータ		
1	(定数)	3.987	.209		19.070	.000
	家族適応（順序）	-.365	.080	-.117	-4.575	.000
	男子ダミー	-1.169	.325	-.290	-3.597	.000
	交互作用：男子と適応	.353	.126	.227	2.791	.005

a. 従属変数 これまで付き合った人数

Q7.2　第7回「青少年の性行動全国調査」のデータを用いた本文中の例と同じ
ように「性のリスク意識」を従属変数（Y_i）とする重回帰分析を行え。独立
変数として「友人との性についての会話」（X_1）と女子ダミー（D）を用いて，
「男子ダミー」を用いた本文の例と分析結果を比較すること。

Q7.3　第7回「青少年の性行動全国調査」のデータを用いて，従属変数を「性
のリスク意識」，独立変数を「友人との性の会話」，および「学校段階」から
作成したダミー変数（基準カテゴリーは高校生）の2つとして重回帰分析を行え。
また，その分析結果を表にまとめ，何がわかるかを説明せよ。

第8章

重回帰分析の展開（2）
——階層的重回帰分析

~~~ **本章の目標** ~~~

　重回帰分析には，独立変数を段階的に投入することで，モデル全体の説明力の変化や，媒介変数の効果を検討する発展的な方法がある。本章では，まず独立変数を段階的に投入する階層的重回帰分析の仕組みを理解する。その後，階層的重回帰分析により連続変数における因果推論を行う方法について学ぶ。

キーワード　階層的重回帰分析　変数選択法　因果推論　媒介変数　直接効果　間接効果

☐1　重回帰分析における変数の投入法

1.1　強制投入法と階層的方法

　本書第4章と第7章で説明した重回帰分析では，複数の独立変数をすべて同時に投入して分析結果を得ていた。このように独立変数を一度にすべて投入する方法は，**強制投入法**と呼ばれている。重回帰分析における独立変数の投入には，これ以外にもいくつか方法がある。

　他の代表的な方法として挙げられるのが，独立変数（あるいは複数の変数からなる独立変数群）をいくつかのステップに分けて投入する**階層的重回帰分析**，あるいは**階層的方法**と呼ばれるものである。階層的重回帰分析では，独立変数をいくつかのステップに分けて投入することで，モデルの説明力や偏回帰係数がどのように変化するかを確認し，投入した独立変数による独自の効果の大きさや，独立変数と従属変数を結びつける媒介効果を段階的に検討することができる。

　この階層的重回帰分析については，すでに本書第1章で，収入（年収）を従属変数とする分析の例を示していた。本書第1章の表1.1を確認すると，まず基本モデルで，性別，年齢，学歴（教育年数），初職威信など本人の属性と，父学歴

（父教育年数），父職威信という出身階層についての独立変数を投入している。次に，資格モデルでは，基本モデルの独立変数に加えて，複数の資格ダミーを投入している。これは，さまざまな資格の有無が収入の増大に貢献しているかを，本人の属性や出身階層の効果と分けて検討するためである。

　階層的重回帰分析を行う目的の1つは，このように，分析の焦点となる変数や変数群がどれだけモデルの説明力を高めるのかを，他の独立変数群と区別して段階的に検討することである。このことを図で確認しておこう。

　図8.1は，投入法の違いを視覚的に表したものである（Tabachnick & Fidell 2014）。従属変数 Y と3つの独立変数 X_1, X_2, X_3 に相関関係がある場合について，強

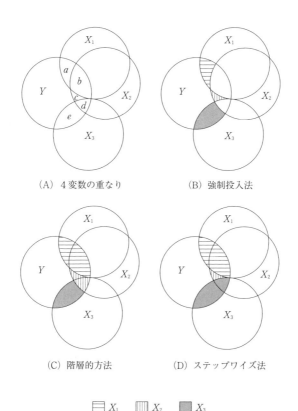

図8.1 強制投入法と階層的方法，ステップワイズ法のイメージ
（出典）Tabachnick & Fidell（2014: 173）より筆者作成

制投入法と階層的方法，および後述のステップワイズ法の違いが示されている。

まず，図8.1（B）の強制投入法では，独立変数がすべて同時に投入されるため，個々の独立変数が独自に寄与する部分だけが偏回帰係数に反映される。X_1の偏回帰係数はa，X_2の偏回帰係数はc，X_3の偏回帰係数はeの部分である。bやdは，モデル全体の説明力（決定係数）には寄与するが，どの偏回帰係数にも反映されない。

一方，階層的重回帰分析では，X_1，X_2，X_3の順に独立変数を投入すると，その都度，偏回帰係数と決定係数が得られる。図8.1（C）では，まずX_1だけ投入すると，X_1の偏回帰係数と決定係数に，YとX_1の重なりであるaとbを合わせた部分が反映される。次のステップでX_2を投入すると，X_2の独自寄与部分であるcとdがX_2の偏回帰係数と決定係数の増加分に反映される。このとき，X_1の偏回帰係数にはX_2と重なるbを除いたaのみが反映するようになる。

さらに，X_3を投入し最後のステップまで行うと，決定係数も偏回帰係数も強制投入法と同じ値になる（図8.1（B）に相当）。このように，ステップごとに決定係数の変化や偏回帰係数の変化を確認できるのが，階層的重回帰分析のメリットである。

なお，階層的重回帰分析では，あるステップで投入した独立変数群の効果を，投入前と投入後の2つのモデルにおける決定係数の変化量で測り，その有意性検定によって効果の有無を判断する。このときの帰無仮説は「母決定係数の変化量は0である」（母集団において説明力が変化していない）というもので，独立変数を追加したことによるF値の変化量が自由度（$k_2 - k_1$，$n - k_2 - 1$）のF分布にしたがうため，F検定を行う（k_1はステップ1の独立変数の個数，k_2はステップ2の独立変数の個数，nは標本サイズである）。

【例題8.1】

表1.1では，基本モデルの決定係数が0.284，資格モデルの決定係数が0.286となり，決定係数の変化量は0.002であった。表には既に統計的検定の結果が示されているが，以下の手順でF検定を行い，あらためて決定係数の変化が統計的に有意でないことを確認せよ。

110

第8章 重回帰分析の展開（2）——階層的重回帰分析

（1）表1.1より、F値は（　ア　）である。また、基本モデルにおける独立変数の個数（k_1）は（　イ　）、資格モデルの独立変数の個数（k_2）は（　ウ　）、nは1577であるため、自由度は（　エ　,　オ　）である。

（2）$\alpha = 0.05$とすると、対応するFの値はF分布表（付表A-1）より、2.45である。したがって、$\alpha = 0.05$で帰無仮説は（棄却され・棄却されず）$^{カ)}$、母集団において決定係数の変化量が0でないと（言える・言えない）$^{キ)}$ことになる。

表1.1でも、F値には有意水準を示す記号が付いていない。したがって、資格モデルで4つの資格ダミーを投入した効果があるとはいえず、ほとんどの資格が収入の増大に貢献していないとの結論が得られたのである。

1.2　分析例——交互作用項を追加した効果の確認

それでは、SPSSを使った階層的重回帰分析について確認しよう。ここでは、本書で行ってきた性のリスク意識に関する分析に、ダミー変数の交互作用項を追加して効果を確認する例で説明する。

SPSSでは、まず通常の重回帰分析を行うように従属変数と1つ目のモデルに投入する独立変数群を指定する（図8.2のブロック（B）1/1）。その後、「次」をクリックして表示される次のブロックで、2つ目のモデルに投入する独立変数群を指定すればよい（図8.2のブロック（B）2/2）。

 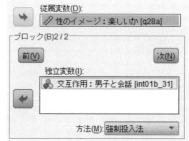

図8.2 階層的重回帰分析における変数投入のダイアログボックス

ア　0.921　　イ　6　　ウ　10　　エ　4　　オ　1566　　カ　棄却されず　　キ　言えない

111

以下に示した SPSS の出力は，2011年の第7回「青少年の性行動全国調査」
データを用いた「性のリスク意識」を従属変数とする階層的重回帰分析である。
まず，モデル1では独立変数として「男子ダミー」と「友人との性についての
会話」を投入し，次に，モデル2で，「男子ダミーと友人との会話の交互作用
項」を投入した。

モデルの要約

モデル	R	R2 乗	調整済み R2 乗	推定値の標準誤差	R2 乗変化量	F 変化量	自由度 1	自由度 2	有意確率 F 変化量
1	.391ª	.153	.152	.845	.153	639.497	2	7101	.000
2	.393ᵇ	.155	.154	.844	.002	17.360	1	7100	.000

a. 予測値:(定数)、男子ダミー，友人との会話（逆転）
b. 予測値:(定数)、男子ダミー，友人との会話（逆転），交互作用：男子と会話

　「モデルの要約」の表に，2つのモデルの決定係数やその変化量，F 検定の結
果が示されている。自由度調整済み決定係数は，モデル1では0.152，モデル2
では0.154である。決定係数の変化量は$0.155 - 0.153 = 0.002$により0.002である。
また，決定係数の変化量の F 値が17.360，「有意確率 F 変化量」が .000 となっ
ていることから，0.1％水準で有意となり，モデル1からモデル2への決定係数
の変化は統計的に有意であること，つまり0ではないことがわかる。
　したがって，モデル2で男子ダミーと友人との会話の交互作用項を追加した
ことで，性のリスク意識に対する説明力が有意に変化した（高くなった）といえ
るのである。

分散分析ª

モデル		平方和	自由度	平均平方	F 値	有意確率
1	回帰	913.276	2	456.638	639.497	.000ᵇ
	残差	5070.531	7101	.714		
	合計	5983.807	7103			
2	回帰	925.643	3	308.548	433.100	.000ᶜ
	残差	5058.164	7100	.712		
	合計	5983.807	7103			

a. 従属変数 性のイメージ：楽しいか
b. 予測値:(定数)、男子ダミー，友人との会話（逆転）
c. 予測値:(定数)、男子ダミー，友人との会話（逆転），交互作用：男子と会話

第8章　重回帰分析の展開（2）——階層的重回帰分析

係数[a]

モデル		非標準化係数		標準化係数	t値	有意確率
		B	標準誤差	ベータ		
1	(定数)	3.494	.030		117.015	.000
	友人との会話（逆転）	-.484	.015	-.355	-32.466	.000
	男子ダミー	-.279	.020	-.151	-13.789	.000
2	(定数)	3.391	.039		87.620	.000
	友人との会話（逆転）	-.427	.020	-.313	-21.043	.000
	男子ダミー	-.053	.058	-.028	-.908	.364
	交互作用：男子と会話	-.125	.030	-.138	-4.166	.000

a. 従属変数 性のイメージ：楽しいか

　なお，「係数」の表を確認すると，モデル1から入っていた「友人との会話」
や「男子ダミー」の偏回帰係数が，モデル2で交互作用項を投入することで小
さくなっていることがわかる。

　また，交互作用項の偏回帰係数の符合は負で，統計的に有意な効果をもって
いる。このことから，男子では女子に比べて，友人との会話が性のリスク意識
を低下させる効果が大きいこともわかる。

　さらに，この階層的重回帰分析のモデル2の分析結果は，交互作用項も含め
て一括して投入した強制投入法による分析（本書第7章の表7.2）と同じ結果にな
っていることを確認しておこう。

　以上の分析結果を表にまとめると，表8.1のようになる。$\triangle R^2$ は決定係数の
変化量の意味である。

表8.1　性のリスク意識を従属変数とする階層的重回帰分析

	モデル1		モデル2	
	b	S.E.	b	S.E.
定　数	3.494	.030	3.391	.039
友人との会話	-.484***	.015	-.427***	.020
男子ダミー	-.279***	.020	-.053	.058
男子ダミー×友人との会話			-.125***	.030
R^2	.153***		.155***	
$\triangle R^2$			.002***	
N	7104		7104	

（注）b：偏回帰係数　S.E.：標準誤差
　　　***：$p<0.001$

113

1.3 変数選択法

重回帰分析に変数を投入するやり方として，強制投入法，階層的方法の他に，**変数増加法**，**変数減少法**，**ステップワイズ法**などの**変数選択法**がある。これまでの例で明らかなように，重回帰分析では，投入する独立変数の組み合わせによって，モデル全体の説明力も，個々の独立変数の偏回帰係数の値も変化する。これらの変数選択法は，説明力の指標として F 値を用いて，モデル全体の説明力が高くなるような独立変数の組み合わせを探索するものである。

このうち変数増加法は，あらかじめ設定された F 値（またはその有意確率）を基準に，追加した場合の F 値の変化量（または有意確率の変化量）が大きい独立変数から順に追加する方法である。一方，変数減少法はその逆で，最初にすべての独立変数を投入し，除去した場合の F 値の変化量（または有意確率の変化量）が小さい変数から順に除去していく。ステップワイズ法は統計的回帰分析とも呼ばれる（Tabachnick & Fidell 2014），変数増加法と変数減少法を統合したやり方である。投入されていない変数には変数増加法が適用される。

例えば図8.1（D）であれば，X_3，X_1，X_2 の順のように，従属変数への寄与部分が大きい独立変数から投入されるのである（平井 2017）。また，すでに投入されている変数には変数減少法が適用される。

変数増加法ではいったん追加された変数が除去されず，変数減少法ではいったん除去された変数は再投入されないという問題があるが，こうした問題はステップワイズ法を用いればある程度は解消される（三輪・林 2014: 139）。

これらの変数選択法は，SPSS でも「線型回帰」のダイアログボックスから選ぶことで実行できる。

強制投入法や階層的方法の場合，理論や仮説といった分析内容にもとづき分析者が独立変数を選択する。一方，変数選択法では，独立変数の選択は統計的な根拠のみで行われる。モデル全体の説明力に寄与するか否かだけが，投入する変数を決める基準だからである。したがって，このような変数選択法は，何らかの理論的根拠や明確な仮説を検証するためではなく，従属変数を予測するための精度の高いモデルを構築する際や，従属変数を説明するために用いるべき独立変数を探索する際に使うのが有効であろう。

第 8 章　重回帰分析の展開（2）——階層的重回帰分析

② 重回帰分析を応用した因果推論

2.1　因果推論の基本

　本書では，第 3 章においてクロス集計をもとに離散変数間で**因果推論**を行う
エラボレーションやログリニア分析の方法を学習した。それでは，連続変数を
用いて因果推論を検討するにはどうすればよいだろうか。ここで学習している
重回帰分析を展開させれば，それが可能になる。本章ではその基礎となる階層
的重回帰分析による方法を説明する。それを踏まえて，さらに詳しい因果関係
の探求については第 9 章のパス解析で学ぶことにしよう。

　ノーキらは，変数間の因果関係の基本を，図8.3に示す 4 つのパターンで説明
している（Knoke, Bohrnsedt and Mee 2002: 375）。これを見ながら，因果推論を行
うための基本的な考え方を確認しよう。

　まず，図8.3（A）のように X から Y への一方向の矢印は，独立変数 X と従
属変数 Y の 2 変数間の因果関係（**直接効果**）を意味する。また，矢印の上にあ
る符合はその効果の方向を表しており，プラス（＋）は X の値が大きいほど Y
の値も大きくなる正の関連があることを，マイナス（－）は X の値が大きいほ
ど Y の値が小さくなる負の関連があることを指している。

　これを踏まえて，第 3 変数 Z を導入した 3 つのパターンを見てみよう。まず
図8.3（B）は，X が Z に，Z が Y に影響する因果連鎖である。この場合，X が
Y に与える効果は Z を通した間接的なもの（**間接効果**）になり，Z を**媒介変数**と
呼ぶ。この例では X と Z の間に正（＋）の関連，Z と Y の間に負（－）の関連
があるため，X の値が大きくなると Z の値が大きくなるが，Z の値が大きくな
ると Y の値は小さくなる。

　因果連鎖では，その間を結んだ複数の矢印についた符合を掛け合わせること
で，間接効果全体（**総効果**）の符合を求めることができる。ここでは正（＋）と
負（－）の積が負（－）となることから，X が Y に与える間接効果は負（－）
であることがわかる。

　図8.3（C）は，直接効果と間接効果があるモデルである。X から Y に対する

115

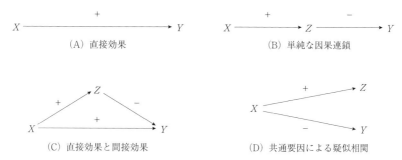

図8.3 因果図式の基本パターン

(出典) Knoke, Bohrnsedt and Mee (2002: 375) より筆者作成

正の直接効果があると同時に，Z が媒介する負の間接効果がある。この図だけでは X が Y に与える影響のうち，正の直接効果と負の間接効果のどちらが大きいのかはわからないが，この後で学習する階層的重回帰分析を使った方法や本書第9章で学ぶパス解析では，変数間の関連全体（総効果）をこうした直接効果や間接効果に分解しながら因果推論を行っていく。

最後に，図8.3（D）は，Z と Y に直接の関連がないのに，表面上，関連が観察される例を示している。この場合，2変数には共通要因となる X があり，独立変数 X が大きくなると従属変数 Z は大きく，従属変数 Y は小さくなる。このため，Z と Y の間に負の関連があるように見える，疑似相関の例である。

2.2 階層的重回帰分析を用いた因果推論

階層的重回帰分析を使えば，変数間の媒介関係を検討することができる。図8.4は，先の図8.3の（A）と（C）を用いて，階層的重回帰分析による媒介効果の分析枠組みを示したものである。

従属変数を Y，独立変数を X，媒介変数を Z とする。階層的重回帰分析のステップ1で，独立変数 X を投入すると，その効果 b_1 が得られる。ステップ2では，媒介変数と考えられる Z を独立変数として追加する。それにより，X の効果 b_1' と，Z の効果 b_2 が得られる。b_3 は，X の Z への効果である。b_3 を実際に求めるなら，階層的重回帰分析の2つのステップとは別に分析することになるが，この後で説明するように，これを求めなくとも媒介効果の有無を検討すること

ができる。

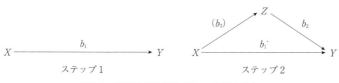

図8.4 階層的重回帰分析による媒介分析

このとき、X から Y への総効果 b_1 は、X から Y への直接効果 b_1' と、Z に媒介される間接効果に分解できる。そのため、間接効果の大きさは、ステップ1で求められる X から Y への総効果 b_1 と、ステップ2で求められる X から Y への直接効果 b_2 の差($b_1 - b_1'$)と等しくなる。

以上より、階層的重回帰分析において媒介効果を検討する場合は、媒介変数と想定される変数をステップ2で投入することにより、間接効果($b_1 - b_1'$)の大きさを確かめればよいことになる。

2.3　分析例——抑うつ傾向に関する媒介分析

では、実際のデータを用いて階層的重回帰分析による因果推論を行ってみよう。ここでは、これまで用いてきた第7回「青少年の性行動全国調査」ではなく、2012年に実施された「仕事と健康に関する仙台市民調査」のデータを用いる。この調査は、社会階層による健康格差の実態やメカニズムを解明するために行われたものである。

近年の日本社会では、若者の厳しい労働環境やメンタルヘルスが大きな社会問題となっている。そこで、年齢と抑うつ傾向の関連を分析してみよう。

「仕事と健康に関する仙台市民調査」では、抑うつ傾向をケスラーら(Kessler et al. 2002)が考案した6項目からなる尺度K6の日本語版(Furukawa et al. 2008)で測定している。この尺度は、過去30日の気分障害を「神経過敏に感じましたか」「絶望的だと感じましたか」など6項目につき5件法で尋ねたうえで、各項目に0点から4点を付与して合計したものである。したがって、0点から24点までの値を取る連続変数になっている。この抑うつ傾向(K6)を従属変数、年

齢を独立変数としよう。

抑うつ傾向と年齢の相関係数は $r = -0.066$ であり,絶対値が小さく弱いものの,有意な関連がある。つまり年齢が若い人ほど抑うつを抱えている傾向にある。

しかし,抑うつにもさまざまな背景が考えられ,仕事が原因となっているかはわからない。そこで,階層的重回帰分析により,年齢と抑うつ傾向の間を,職業性ストレスが媒介しているのかを検討してみよう。今回の分析は図8.5のように整理できる。

図8.5 階層的重回帰分析による抑うつ傾向に関する媒介分析

なお,職業性ストレスは,「現在のお仕事でどのくらいストレスを感じていますか」と尋ねた質問への回答である。分析する際は「ほとんど感じない＝1,あまり感じない＝2,ときどき感じる＝3,よく感じる＝4」としている。

ここでは,抑うつ傾向を従属変数にして,ステップ1では年齢だけを独立変数として投入した。ステップ2では,加えて,媒介変数と想定した職業性ストレスを投入した。SPSSによる分析結果は下のようになる。

モデルの要約

モデル	R	R2乗	調整済みR2乗	推定値の標準誤差	R2乗変化量	F変化量	自由度1	自由度2	有意確率F変化量
1	.066[a]	.004	.003	4.84821	.004	4.784	1	1084	.029
2	.378[b]	.143	.141	4.50070	.138	174.861	1	1083	.000

a. 予測値:(定数)、年齢
b. 予測値:(定数)、年齢,職業性ストレス

第8章　重回帰分析の展開（2）——階層的重回帰分析

係数[a]

モデル		非標準化係数		標準化係数	t値	有意確率
		B	標準誤差	ベータ		
1	(定数)	7.514	1.131		6.643	.000
	年齢	-.075	.034	-.066	-2.187	.029
2	(定数)	-.613	1.217		-.504	.614
	年齢	-.042	.032	-.037	-1.310	.190
	職業性ストレス	2.247	.170	.373	13.223	.000

a. 従属変数 K6

　まず，「モデルの要約」の表によると，独立変数が年齢だけのモデル1では，自由度調整済み決定係数の値は0.003と小さい。有意確率が.029となっていることから統計的に有意ではあるものの，説明力は非常に小さい。

　これに対して，モデル2では自由度調整済み決定係数が0.141となっている。決定係数の変化量は0.138で，変化量の F 値が174.861，有意確率が.000となっており，0.1%水準で統計的に有意な結果が得られた。つまり，階層的重回帰分析としては，ステップ2で職業性ストレスを追加したことによりモデル全体の説明力が有意に変化したことがわかる。

【例題8.2】

　以下の手順にしたがって，年齢と抑うつ傾向のあいだの直接効果と，ストレスに媒介される間接効果について確認せよ。

（1）「係数」の表より，モデル1の年齢の回帰係数（図8.5の b_1）は（　キ　），モデル2では年齢の偏回帰係数（図8.5の b_1'）が（　ク　），職業性ストレスの偏回帰係数（図8.5の b_2）が（　ケ　）となっている。また，モデル2で，抑うつ傾向に対する職業性ストレスの効果が統計的に有意であることがわかる。

（2）ストレスが年齢と抑うつ傾向を媒介する間接効果は，モデル1とモデル2における年齢の回帰係数の（和・差）コ）によって得られる。ここでは，モデル1では（　キ　），モデル2では（　ク　）であったことから，その（　コ　）により（　サ　）と求められる。

キ　-0.075　　ク　-0.042　　ケ　2.247　　コ　差　　サ　-0.033

（3）一方，モデル2で年齢の偏回帰係数（b_1'）が有意でなくなったことから，年齢と抑うつ傾向のあいだの（直接効果・間接効果）[シ]はほとんど見られず，両者の関連は主に職業性ストレスによって媒介される（直接効果・間接効果）[ス]だと言える。

この分析結果は，表にまとめると以下の表8.2のようになる。

表8.2 抑うつ傾向を従属変数とする階層的重回帰分析

	モデル1		モデル2	
	b	S.E.	b	S.E.
定　数	7.514***	1.131	−.613	1.217
年　齢	−.075*	.034	−.042	.032
職業性ストレス			2.247***	.170
R^2	.004*		.143***	
$\varDelta R^2$			.138***	
N	1086		1086	

(注) b：偏回帰係数　S.E.：標準誤差
　　*：$p<0.05$　***：$p<0.001$

③　まとめ

　本章では，重回帰分析の応用的な利用として，階層的重回帰分析について解説してきた。階層的重回帰分析では，独立変数（群）をいくつかのステップに分けて投入することで，その効果を確認することができた。さらに，階層的重回帰分析を利用して因果推論を行う例を学んだ。2つの連続変数間の因果関係を，直接効果と媒介変数を通した間接効果に分け，階層的重回帰分析によって間接効果を推定することができた。

　なお，ここでは2つの連続変数XとYの間に媒介変数Zが存在する例を用いたが，ここでの分析結果と数値が同じであっても，分析内容によってはこれがXとYの疑似相関を解明したものとなる可能性もある。図8.3の（C）をみ

シ　直接効果　　ス　間接効果

ると，X が Z に，Y が Z に影響するよう矢印で結んである。今回の分析では，年齢が職業性ストレスに，職業性ストレスが抑うつ傾向に影響すると考えるのは自然であろう。職業性ストレスが年齢に影響するとは考えられない。しかし言い換えれば，もし分析内容が異なり，X と Z の間の矢印が逆と解釈できるのであれば，Z は X と Y の共通要因と位置づけられる。そのときは，今回の分析結果から X と Y の関連は疑似相関と判断されるであろう。

　離散変数によるエラボレーションでも同様だが，媒介関係と疑似相関は，統計学的には区別できない。因果推論において変数相互の因果関係を考える際には，変数間の論理関係や時間順序，理論モデル，先行研究の知見などにもとづいて検討する必要がある（片瀬・阿部・高橋 2015: 206）。

　また，X から Y への直接効果と，X から Z が媒介して Y にいたる間接効果の影響の向き（符合）が異なるときには，それぞれの効果が打ち消しあうことになり，2変数の相関だけだと X と Y の関連が小さく見える場合がある。このような現象を**抑圧**が生じているという。

　さらに，それぞれの効果がすべて相殺され X と Y の関連がまったくないように見える場合を**疑似無相関**という（片瀬・阿部・高橋 2015: 224）。階層的重回帰分析などにより媒介変数の存在を検討することは，このように，変数間の隠れた関係を見いだすことにも役立つ。

　本章では3変数（あるいは変数群）の因果推論までを扱ったが，これを土台にして，次の第9章ではさらに多くの変数を用いたより複雑な因果推論の方法を扱う。

【学習課題】

Q8.1 「仕事と健康に関する仙台市民調査」のデータを用いて，週労働時間が抑うつ傾向にどのように結びつくかについて階層的重回帰分析を行うと，その結果は表8.3のようになる。この表から週労働時間から抑うつ傾向への間接効果を求め，週労働時間が抑うつ傾向に与える効果について説明せよ。

表8.3 抑うつ傾向を従属変数とする階層的重回帰分析

	モデル1		モデル2	
	b	S.E.	b	
定　数	4.947***	.502	−1.118	.642
週労働時間	.002	.010	−.028**	.010
職業性ストレス			2.390***	.175
R^2	.000		.149***	
$\triangle R^2$			.148***	
N	1074		1074	

(注) b：偏回帰係数　S.E.：標準誤差
　　　：$p<0.01$　*：$p<0.001$

Q8.2 表8.1によると，「性のリスク意識」には性別（男子ダミー）と「友人との性についての会話」の交互作用効果があり，それを投入することによってモデル全体の説明力が有意に上がっていた。2011年の第7回「青少年の性行動全国調査」のデータを用いて，同じことが「友人の性行動への関心」でも言えるかを，階層的重回帰分析により確認せよ。

Q8.3 第7回「青少年の性行動全国調査」のデータを用いて，子どもの性別役割意識に対する母親の就労形態の効果について階層的重回帰分析で検討せよ。従属変数には「男性は外で働き，女性は家庭を守るべきだ」と尋ねた質問への回答（1＝「そう思う」，2＝「どちらかといえばそう思う」，3＝「どちらかといえばそう思わない」，4＝「そう思わない」）を用いる。独立変数として，ステップ1では性別（女子ダミー）と年齢を，ステップ2ではこれらに加えて専業主婦を基準カテゴリーとした母職のダミー（フルタイムダミー，パートタイムダミー，家で仕事ダミー）を投入すること。

第9章

重回帰分析の展開（3）
—— パス解析による因果推論 ——

～～～ **本章の目標** ～～～

　パス解析とは，重回帰分析を何回かに分けて行い，一方向的な因果モデル（逐次的モデル）によって，複雑な因果メカニズムを探る方法である。まず，パス解析の手法の特徴を学んでから，分析例を使って実際にパス解析を行う手順を理解する。

キーワード　パス解析　パス図　外生変数　内生変数　構造方程式　総効果
直接効果　間接効果

1　パス解析の考え方
—— 重回帰分析からパス解析へ ——

1.1　重回帰分析の因果図式

　パス解析とは，重回帰分析を展開し，複数の変数間の因果関係を連鎖的に解析する方法である。すでに述べたように，重回帰分析は，1つの連続変数を従属変数とし，それを複数の連続変数を独立変数として説明するものであった。

　たとえば，本書第4章でも示したような，第7回「青少年の性行動全国調査」のデータを用いて，高橋（2013）は性のリスク意識の規定因を分析している。高橋（2013）は，性のリスク意識を規定する要因を探るために，基本属性や性行動，友人関係などを独立変数として男女別に重回帰分析を行った。図9.1では，ステップワイズによって残された変数のうち，規定力が大きな上位5つまでを示している（図9.1は男子のみの結果だが，女子も同じ傾向を示す）。

　それによると，年齢が上がるほど，精通・自慰経験があるほど，性をめぐる友人とのコミュニケーションがあるほど，リスク意識が低下する。このなかでも友人との会話や友人の性行動への関心の規定力が大きいことから，高橋（2013）は，これらの変数が2つの方向で性のリスク意識を低下させるとみる。1

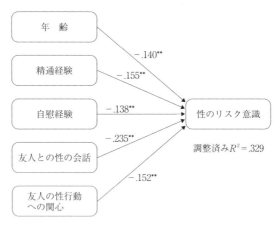

図9.1 男子の性のリスク意識の規定因――重回帰分析

つは,性をめぐる会話などによって性的関心を培養していく方向であり,もう1つは相互の情報交換を通じて,リスク対処のための実践的ノウハウを獲得していく方向である。

ところが,こうしたコミュニケーションが不活発になったために,若者のリスク意識が高まり,2000年代から性行動の不活発化がおこったという。このように重回帰分析は,1つの従属変数に対して,複数の独立変数が同時に効果をもつと考えるモデルである。

1.2 パス解析の因果図式

他方,図9.2に示したように,1つの独立変数から複数の従属変数への影響を説明したい,または従属変数を媒介変数として別の変数を説明したい,といった分析が必要となる場合がある。また,ある独立変数が従属変数に直接的な効果をもつと同時に,他の独立変数を経由して間接的な効果をおよぼすこともモデルに入れたい,といったこのような場合,図9.2のような**パス図**を書くことで,多段階の因果関係を表現できる。パス図とは,変数を表すキーワードとその間の関係を示す矢印を使って,変数間の因果関係を表した図である(Knoke, Bohrnsedt and Mee 2002: 374)。

こうしたパス図を書く上での規則をノーキら(Knoke, Bohrnsedt and Mee 2002:

第9章 重回帰分析の展開（3）——パス解析による因果推論

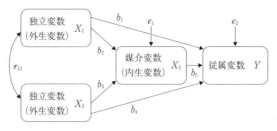

図9.2 パス図
（出典）Knoke, Bohrnstedt and Mee (2002: 374)

374) は次のようにまとめている。

①変数名は短いキーワードか語句で示す。
②図式の左に置かれた変数は，右に置かれた変数よりも因果的に先行すると仮定される。
③変数間の因果関係は一方向の矢印で示される。
④因果的に関連しないが相関すると考えられる変数は，弧を描く両矢印で結ばれる。
⑤相関はするが因果的に結びついていないと考えられる変数は，図式の横軸の同じ位置に置かれる。
⑥2変数間にあると仮定される因果効果は，原因となる変数が結果となる変数を増大させるか，減少させるかを示すために，因果関係を示す矢印の脇に＋または－の印をつけることで示す。

1.3 重回帰分析とパス解析の違い

図9.1の重回帰分析と比べると，図9.2のパス図は，次の点で異なる。まず第一に，2つの独立変数が従属変数に直接的な効果をもつと同時に，媒介変数に影響し，さらに媒介変数を経由して従属変数に間接効果をもつということが表現されている。

パス解析の大きな利点は，本章第2節で説明するように，この直接効果と間接効果を分離できる点にある。また図中にも示したように，独立変数 X_1 と独

立変数 X_2 は，この因果モデルでは他の変数の影響を受けないと仮定されていることから**外生変数**と呼ばれる。

これに対して，媒介変数 X_3 は，この因果モデルのなかで2つの外生変数の影響を受けて生成されるので，**内生変数**とも呼ばれることになる。そして，これらの変数の間の因果関係を示す矢印につけられた値 $b_1 \sim b_5$ は，**パス係数**と呼ばれ，重回帰分析の標準化された偏回帰係数にあたる。すなわち，独立変数が1標準偏差分，増加した場合の従属変数の増加分を意味する。したがって，この値が大きいほど独立変数が従属変数（または媒介変数）におよぼす影響が大きいことになる。

第二に，図9.1の重回帰分析では，独立変数間の相関（共変関係）は仮定されていないが，図9.2のパス解析では，2つの外生変数の間に相関が仮定される。この相関は，図中では両矢印で示され，相関係数 r_{12} として示されている。

第三に，媒介変数と従属変数には**誤差項**（または**残差係数**）e_1，e_2 の影響を示す矢印が行っている。誤差項とは，回帰分析でいう残差，すなわちモデルのなかにある変数では説明できない部分を示している。この残差係数 e は以下の式で求められる（R^2 は決定係数を意味する）。

$$e = \sqrt{1 - R^2} \tag{9.1}$$

1.4　構造方程式

図9.2に示した因果関係は，重回帰分析と同様の式で表すことができる。この図の X_1，X_2，X_3，Y の関係を表す重回帰式は**構造方程式**と呼ばれ，以下の（9.2）式，（9.3）式のようになる（Knoke, Bohrnstedt and Mee 2002:379）。

$$X_3 = b_2 X_1 + b_3 X_2 + q_1 e_1 \tag{9.2}$$
$$Y = b_1 X_1 + b_4 X_2 + b_5 X_3 + q_2 e_2 \tag{9.3}$$

このうち，（9.2）式は X_3 が X_1 と X_2 から影響を受けることを示すのに対して，（9.3）式は Y が X_1，X_2，X_3 によって直接，規定されることを示している。

これらの構造方程式については次の仮定がおかれる（盛山 1983）。

第 9 章　重回帰分析の展開（3）──パス解析による因果推論

①変数はすべて（残差変数 e_1, e_2 も含めて）平均 0，分散 1 に標準化される。

②残差変数はいずれもその方程式に含まれる独立変数とも無相関（独立）である。

　データからこれらの係数を決定するには，（9.2）式，および（9.3）式を（重）回帰式とみなした最小二乗法によって行う。すなわち，図9.2の場合，まず（9.2）式に従い X_3 を従属変数とし，X_1, X_2 を独立変数とした重回帰分析を行う。つぎに今度は（9.3）式をもとに Y を従属変数とし，X_1, X_2, X_3 を独立変数とした重回帰分析を行うことになる。こうした分析手法が，パス解析である。

② 社会学におけるパス解析

2.1　ブラウとダンカンのパスモデル

　社会学においてもっとも著名なパスモデルは，社会的地位の達成に関するブラウとダンカン（Blau and Duncan 1967）のパスモデルであろう。

　個人が社会的地位を達成する過程を実証的に研究するためには，この達成過程に関する統計的な予測モデルを構成し，これにもとづいて世代間（親子間），および世代内（初職と現職）でどのような社会移動がなされるかを統一的に解明することが課題となる。その予測モデルでは，親の社会的地位が，学校教育を経由して，子どもの職業的地位（初職や現職）の達成へと影響していく経路を，分析手法にもとづいて明らかにしていく必要がある。この課題を達成したのが，ブラウとダンカン（Blau and Duncan 1967）による地位達成モデルである。

　彼らは，パス解析を用いて，父親の社会的地位（学歴や職業）が子ども（本人）の学歴を経由して子どもの職業達成に影響することを，一連の過程として明らかにした。彼らは，1962年にアメリカ成年男性（20歳から64歳）を対象として行われた OCG（Occupational Change in a Generation）調査のデータをもとに，地位達成過程に関するパス解析をおこない，図9.3のような結果を得た。

　このパス・モデルのパス係数をみるとわかるように，この当時のアメリカ社会においては，父親の職業的地位は，子どもの職業的地位（現職）に対して，ほ

127

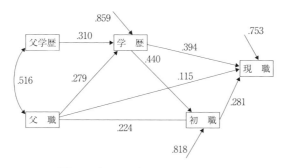

図9.3 ブラウ＝ダンカンのパスモデル
(出典) Blau and Duncan (1967: 170) より筆者作成

とんど直接的な効果をおよぼしていない（パス係数で0.115）。

これに対して，父学歴，および父職は，子どもの学歴に少なからぬ影響をもたらし（父学歴から本人学歴への影響はパス係数で0.310，父職から本人学歴への影響はパス係数で0.279），この学歴が現職に直接効果をおよぼすと同時に，学卒後の初職を経由した間接効果をもたらしている。つまり，この当時のアメリカ社会では，本人の職業（初職・現職）は，父親の職業に規定されるよりも，本人の学歴によって規定されるものになったことが示されたのである。

2.2 直接効果・間接効果・総効果

このように，ブラウとダンカン（Blau and Duncan 1967）の地位達成モデルにみられるように，パス解析とは，ある変数（このモデルでいえば，本人の出身階層となる父職・父学歴）が，①子どもの職業的地位におよぼす**直接効果**と，②本人の学歴・初職を経由して現職に影響する**間接効果**に分割することで，従属変数（本人現職）が規定されるメカニズムを明らかにするものである。また，この直接効果と間接効果の和を**総効果**という。

そこで，上記の点を図9.3をもとに，本人学歴が現職におよぼす総効果を直接効果と間接効果に分割することで確認してみよう。まずX_1を本人学歴（教育年数），X_2を初職（職業威信），Yを本人現職（職業威信）とすると，図9.3より，初職X_2は本人学歴X_1に規定されている。他方，現職Yは，本人学歴X_2からの直接効果に規定される一方で，本人学歴X_1から初職X_2を経由した間接効果に

第9章　重回帰分析の展開（3）——パス解析による因果推論

よっても規定される。そこで，先の図9.2と同様，以下の2つの回帰式が成り立つ。

$$X_2 = b_1 X_1 + q_1 e_1 \tag{9.4}$$
$$Y = b_2 X_1 + b_3 X_2 + q_2 e_2 \tag{9.5}$$

　ここで，学歴 X_1 が初職 X_2 におよぼす効果を示した（9.4）式を（9.5）式に代入すると以下の式になる。

$$Y = b_2 X_1 + b_3 (b_1 X_1 + q_1 e_1) + q_2 e_2$$

これを X_1 について整理すると，

$$Y = (b_2 + b_1 b_3) X_1 + b_3 q_1 e_1 + q_2 e_2 \tag{9.6}$$

　この（9.6）式より，X_1（学歴）が1単位（標準偏差分だけ）増加するとき標準化した Y（現職）は，$(b_2 + b_1 b_3)$ 増加することがわかる（盛山 1983: 177-178）。

　次にこの効果を学歴から現職への直接効果 $X_1 \rightarrow Y$ と，初職 X_2 を経由した間接効果 $X_1 \rightarrow X_2 \rightarrow Y$ に分割する。まず（9.4）式より，b_1 は X_1 が1単位増加したときの増加したときの X_2 の平均的増加量である。次に（9.5）式をみると，X_2 が1単位増加した場合，Y を平均的に b_3 増加させることがわかる。他方，（9.6）式から X_1 の1単位の増加は X_2 の増加がなくても，Y を $(b_2 + b_1 b_3)$ 増加させることもわかる。こうして X_1 から Y への総効果 $(b_2 + b_1 b_3)$ は，X_1 から Y への直接効果 b_2 と X_1 を経由しての間接効果 $b_1 b_3$ とに分割することができる。

　ただし，今回の例では効果を分割する独立変数が因果順序の最初にあったが，それが中間的な変数の場合，たとえば父学歴が本人の職業を直接規定すると同時に，父職業や本人学歴を経由して職業を規定するといった場合，構造方程式も3つとなり，残差も考慮しながら因果効果の分割をするといった複雑な作業になる（盛山 1983）。

【例題9.1】

（1）図9.3をもとに，学歴が現職におよぼす間接効果と直接効果を求めると，

直接効果は（　ア　），間接効果は（　イ　）となる。

（２）それをもとに総効果を求めると（　ウ　）となる。

（３）また総効果において直接効果の占める割合と間接効果の占める割合を求め，どちらが大きいか述べよ[エ]。

パス解析を用いたブラウ＝ダンカンのモデルは，アメリカ社会の産業化にともなって，親の地位（子どもからみれば「属性的地位」）の直接効果が減少し，教育達成という「業績的地位」の影響力の大きな社会に到達していることを示すものである。このモデルはアメリカ社会の産業化によって，業績主義的基準にもとづくライフコースの展開が可能になったこと，その際に，教育達成という媒介項が重要な役割をはたすようになったことを主張していることになる。

このモデルの導入によって，親から子へと世代をこえた地位達成に関わる変数を同時に１つのモデルに投入して，その間の因果関係を時間的順序をおって説明することが可能になった。また，このパス解析においては，要因（独立変数）の直接効果と間接効果を分離できるために，地位達成において学歴が重要な媒介的役割をはたしていることが明かにされたのである。

③　パス解析の実際

では次に，「仕事と健康に関する仙台市民調査」のデータを用いてパス解析をしてみよう。今回の分析では外生変数として週労働時間と年齢，従属変数として抑うつ傾向（本書第８章で用いた K6 尺度で測定されたもの）を用い，両者を媒介するものとして職業性ストレスを用いる。

まず外生変数である労働時間と年齢の相関をみると，$r = -0.061$ と弱いながらも５％水準で有意な負の相関を示す。両者の相関が負であるということは，年齢が若いほど（年齢の値が小さいほど），週労働時間が増えることを意味する。次

ア　0.394　　イ　$0.440 \times 0.281 = 0.124$　　ウ　0.518　　エ　直接効果の比率は $0.394 \div 0.518 = 0.761$，間接効果の比率は $0.124 \div 0.518 = 0.239$。総効果の76.1％が直接効果で，23.9％が間接効果であるため，直接効果の方が大きい。

第9章　重回帰分析の展開（3）——パス解析による因果推論

にこの2つの変数を独立変数とし，職業性ストレスを従属変数としてSPSSで
重回帰分析を行うと，回帰係数は以下のような出力となる。なお，この分析の
決定係数は$R^2 = 0.055$である。

係数[a]

モデル		非標準化係数		標準化係数	t値	有意確率
		B	標準誤差	ベータ		
1	(定数)	2.944	.203		14.506	.000
	年齢	-.012	.006	-.065	-2.193	.029
	週労働時間	.013	.002	.226	7.607	.000

a　従属変数 Stres

　この表の標準化係数（ベータ係数）は，そのまま年齢からストレス，週労働時
間からストレスへのパス係数となる。週労働時間からストレスへのパス係数は
$b_1 = 0.226$で0.1％水準で有意であり，正の値であるから労働時間が長くなるほ
どストレスも増大することになる。他方，年齢からストレスへのパス係数はb_2
$= -0.065$で負の値を示し，5％水準で有意である。ここからは年齢が低いほど
ストレスも高くなることがわかる。ここでも，年齢の効果が負であるというこ
とは，若いほど（年齢の値が小さいほど）従属変数の値が大きくなる（ストレスが
高くなる）という点に留意しよう。ここに述べたパス係数は図9.4の対応するパ
ス（矢印）の脇に記入してある。

　次に，この分析の決定係数は$R^2 = 0.055$であったから，ストレスの残差係数
は（9.1）式より，

$$e = \sqrt{1 - R^2} = \sqrt{1 - 0.055} = 0.972$$

となる。これも図9.4に入れてある。

　そして，最終的な従属変数である抑うつ傾向をこの3つの変数で説明する重
回帰分析を行うとSPSSの出力は以下のようになる。ここからみると，年齢か
ら抑うつ傾向へのパス係数は0.035で有意でなくなっている。同様に，労働時間
から抑うつへのパス係数も-0.086であり，1％水準で有意である。先の分析に
比べると，モデルにストレスが加わることで年齢の効果は消失しており，年齢

131

係数[a]

モデル		非標準化係数 B	標準誤差	標準化係数 ベータ	t値	有意確率
1	(定数)	.270	1.281		.211	.833
	年齢	-.040	.032	-.035	-1.253	.211
	週労働時間	-.029	.010	-.086	-2.952	.003
	ストレス	2.375	.175	.393	13.552	.000

a 従属変数 K6

の効果はストレスに媒介されたものであることになる。すなわち，年齢が若いほどストレスが高く，そのために抑うつ傾向が高くなっているとみることができる。この解釈は階層的重回帰分析と同じである。

最後にストレスから抑うつへのパスには，0.393（$p<0.001$）と大きな正の係数が示されており，ストレスが抑うつ傾向を規定するもっとも大きな要因であることがわかる。

またこの分析の決定係数は $R^2=0.147$ であるから，(9.1) 式にしたがえば，抑うつ傾向の残差係数は $e=\sqrt{1-R^2}=\sqrt{1-0.147}=0.924$ となる。以上をもとに，パス図を描くと図9.4のようになる。

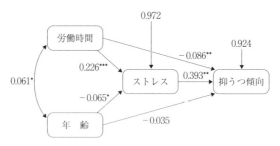

図9.4 抑うつ傾向に関するパスモデル

【例題9.2】

ここで，労働時間が抑うつ傾向におよぼす効果を直接効果と間接効果に分割したうえで，総効果を求めよ。

（1）まず直接効果は（　オ　）である。

第9章　重回帰分析の展開（3）──パス解析による因果推論

（2）他方，間接効果は（　カ　）である。

（3）総効果はこの合計であるから（　キ　）となる。この例では負の直接効
　　果を正の間接効果の方が上回り，労働時間は全体として抑うつ傾向を増大
　　させていることになる。

【例題9.3】

　年齢が抑うつ傾向におよぼす効果を，抑うつ効果への直接効果，ストレスを
媒介にした間接効果に分割したうえで，総効果を求め，年齢はどのようなメカ
ニズムで抑うつ効果を規定しているのか考察せよ[ク]。

④　まとめ

　これまでみてきたように，パス解析とは，重回帰分析の手法を展開し，変数
間に複数の因果関係を仮定して因果推論を行う分析手法である。重回帰分析で
は各独立変数が従属変数にもたらす直接的な効果のみを仮定していたのに対し
て，直接効果に加えて間接効果も考察の対象となる。すなわち，このパスモデ
ルにおいては，モデルの外部から持ち込まれる外生変数が従属変数に直接効果
をもつと同時に，内生変数（媒介変数）を経由しても従属変数に間接効果をもつ
ことが仮定される。この間接効果と直接効果の和は総効果と呼ばれた。

　パス解析では，この総効果を直接効果と間接効果に分割することで，独立変
数（外生変数）が従属変数を規定する経路のメカニズムを明らかにするものであ
る。こうしてパス解析では変数間により複雑な因果のメカニズムを仮定してモ
デルをつくることが可能になる。

　しかし，それだけに因果モデルを構築する際には，何を明らかにし，主張し
たいのか問題関心を明確にし，既存の社会理論や先行研究を十分，吟味してモ
デルを構築していかねばならない。たとえば，本章で紹介したブラウ＝ダンカ

オ　−0.086　　カ　0.089　　キ　0.003　　ク　図9.4より，直接効果は−0.035，間接効果は
（−0.065）×0.393＝−0.026，総効果は両者の合計より−0.061となる。直接効果・間接効果において
も，年齢が若いほど抑うつ傾向が高くなる。また間接効果よりも直接効果の方が大きいが，その値は
有意ではなく，年齢は抑うつにそれほど大きな直接的な影響をおよぼしていない。

133

ンのモデルでも，父職→本人初職・本人現職というパスはあるが，父親教育→本人初職・本人現職というパスはない。それはそのパスが有意にならなかったせいもあるが，このモデルがアメリカ社会の産業化による地位達成（本人の職業決定）の原理の移行，すなわち業績主義化を示すという意図があったからである。

先にも見たように，このモデルによれば，アメリカ社会では，地位達成の原理は，親の職業という属性原理（本人が選択できない生得的要因で決まる原理）より，本人学歴という業績原理（本人がその後の努力で獲得したもので決まる原理）が優位に立っていた。

ただし，このモデルでは親の職業や学歴が子どもの学歴をどのように高めるのかといったメカニズムまでは分からない。そこで，シーウェルら（Sewell, Haller and Ohlendorf 1970）はこの地位達成モデルに家族内部の相互作用に関わる要因，すなわち「重要な他者」の影響による教育・職業アスピレーションの形成を組み込んだウィスコンシン・モデルと呼ばれるモデルを提唱した。

このようにパス図を書く際には，どのような要因を変数として取り込み，どんな因果関係を考えるのか，先行研究などをもとに問題関心を絞り込むことが重要になってくる。

なお，本章では重回帰分析を用いてパス解析を行ったが，最近では社会調査において直接観測された変数ではなく，観測された複数の変数をもとに構成される潜在変数をモデルに取り込んで因果分析を行う共分散構造分析（SEM）という手法も用いられるようになった。これについては本書第12章を参照されたい。

【学習課題】

Q9.1 アメリカの大統領選挙では，しばしば人工妊娠中絶の是非が争点となる。こうした政治的対立の背景には，宗教上の対立もあるとされる。

図9.5は，1998年のアメリカ GSS（General Social Survey）で人工妊娠中絶に対する態度を，信仰心の篤さ，学歴，婚前性交への肯定的態度によって説明したパス図である。

第9章 重回帰分析の展開（3）――パス解析による因果推論

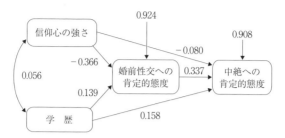

図9.5 人工妊娠中絶に対する態度の規定因に関するパスモデル
（出典）Knoke, Bohrnstedt and Mee（2002: 390）

（a）中絶への肯定的態度の残差係数からみて，信仰心の強さ，婚前性交への肯定的態度，学歴で中絶への肯定的態度を説明したときの決定係数はいくつか述べよ。

（b）学歴が婚前性交への肯定的態度を経由して中絶への肯定的態度を規定する間接効果，学歴が中絶への肯定的態度を規定する直接効果を求めよ。

（c）それをもとに学歴が中絶への肯定的態度を規定する総効果を求めよ。

Q9.2 近年，若者の性的関心が低下することで性行動が不活発化しているといわれる。そこで第7回「青少年の性行動全国調査」のデータをもとに次の分析を行え。

（a）性的関心をもった年齢と愛情のないセックスを肯定する態度（「かまわない」=4点〜「よくない」=1点，「わからない」は欠損値）を外生変数として，初めてデートをした年齢を説明せよ。次にこの3つの変数を使ってこれまで付き合った人数（「6人以上」は6人とする）を説明せよ。

（b）その分析をもとにパス図を書け。

Q9.3 上で書いた図からみて性的関心をもった年齢が遅い者ほど付き合った人数が少なくなるか，性的関心の因果効果を直接効果と間接効果に分けて述べよ。

第10章

離散変数を従属変数とした回帰分析（1）
——二項ロジスティック回帰分析

本章の目標

二項ロジスティック回帰分析とは，従属変数が0と1の二値変数（ダミー変数）の場合に用いる回帰分析である。本章では，どのような場合にこの分析手法が必要なのか，またその要点としてある事象が起こる確率を対数オッズへ変換する過程を理解する。最後に分析結果の解釈のしかたを身につける。

キーワード　回帰分析　ダミー変数　確率　オッズ　対数オッズ　最尤推定法

☐1 二項ロジスティック回帰分析のねらい

1.1 従属変数が二値の場合の回帰分析

本書第4章で学んだ重回帰分析は，連続的な従属変数に対して複数の独立変数が与える影響を明らかにする手法である。具体的には，他の変数を統制したうえである独立変数が1単位増えたときに従属変数の値がどのくらい増減するのか，すべての変数を標準化した場合にはどの独立変数が従属変数に対してより強い影響力を持っているのかを知ることができる。重回帰分析は独立変数と従属変数の間に線形な関係があることを仮定し，最小二乗法によって切片と回帰係数を求めていることから，線形回帰モデルと呼ばれている。

また第7章で学んだように，重回帰分析では離散変数をダミー変数化することで，独立変数としてモデルに含めることができる。これによって人種や性別，職業などといった社会科学で重要とされてきた要因の影響を測定することが可能となっている。

しかしながら社会科学における計量分析の説明の対象は，常にそれぞれの個体の何らかの量的な情報であるとは限らず，むしろ，それぞれの個体がもつ質的な状態に強い関心が寄せられことも多い（実際に社会調査で測定されるものの多

136

第10章 離散変数を従属変数とした回帰分析（1）——二項ロジスティック回帰分析

くは離散変数である）。すなわち，従属変数が連続変数ではないために重回帰分析を適用できないことが多々ある。たとえば，ある経験をしたことがあるか否か，あるものをもっているか否かといった質的な差異などである。

ここで「あるもの」とは物理的に存在するものだけではなく，ある特徴や性質を備えているといった状態でも構わない。それぞれの個体のこのような状態を変数で表すには通常，**ダミー変数**を用いる。ダミー変数とは0か1の二値しかとらない変数であり，先の例では，経験がある（1）／経験がない（0），もっている（1）／もっていない（0）のようにコードされている。

二値変数に限らず離散変数同士の関連を考察するには，『社会統計学ベイシック』の第5章と第6章で学んだクロス集計表を用いるのが基本である。

回帰分析の枠組みでいう独立変数が1つの場合は，独立変数と従属変数の2重クロス表を作成して関連を考察すればよい。独立変数が2つの場合は3重クロス表となる。しかし，独立変数の数が増えれば増えるほど，クロス集計表における各セル度数は小さくなっていくうえ，なにより解釈が困難になっていく。

このような状況に対処する分析手法として，**ロジスティック回帰分析**がある。ロジスティック回帰分析とは，離散的な従属変数に対して後述するロジット変換を施したうえで，複数の独立変数の影響を推定する方法の総称である。離散変数を従属変数とすることで，人々の行動や経験の有無を分析することができるため，社会科学における計量的研究では重回帰分析と並んで頻出する手法である。

本章ではロジスティック回帰分析のうち，先にあげたダミー変数を従属変数とする**二項ロジスティック回帰分析**について解説する（単に「ロジスティック回帰分析」という場合は，二項ロジスティック回帰分析を指すことが多い。なお，3値以上の値をとる従属変数の分析手法については，本書第11章を参照のこと）。二項ロジスティック回帰分析の基本的な考え方は，あることがらが起こる**確率**に注目し，その確率がそれぞれの独立変数の値によってどう異なるのかというものである。

1.2 重回帰分析との違い

二項ロジスティック回帰分析と重回帰分析の違いが従属変数の性質にあるこ

137

とはすでに述べたとおりである。また二項ロジスティック回帰分析においても，切片と複数の独立変数が線形結合する点は重回帰分析と同様であるが，両者の切片や回帰係数の推定方法は異なっている。

　このことを理解するために，まず架空のデータを用いて，ダミー変数である従属変数に対して，線形回帰分析を行った場合の従属変数の予測値と，二項ロジスティック回帰分析によって得られた予測値を比較してみよう（図10.1）。ここでは理解を容易にするため，モデルに含まれる独立変数は1つの連続変数のみである。横軸は独立変数の値，縦軸は従属変数が1をとる確率を表している。

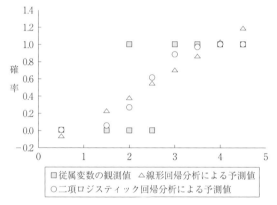

図10.1　ダミー変数を従属変数とした2つの回帰分析の予測値

　従属変数はダミー変数のため，従属変数の観測値（□）は0か1の値しかとらない。線形回帰分析による予測値（△）を見ると，最小二乗法によって回帰係数（傾き）が推定されているため，予測値が直線上に並んでいることがわかる。

　さらに独立変数が最小や最大の個体の従属変数の予測値をみると，0より小さな値や1より大きな値をとっている。本来，確率がとりうる値は0～1であるため，このようにダミー変数の従属変数に対してむりやり最小二乗法を当てはめ，予測値を得ることは不適切である。さらにいえば，従属変数が正規分布にしたがっていないこと，残差の分散が不均一であることも線形回帰の条件を満たしていない。

第10章 離散変数を従属変数とした回帰分析（1）——二項ロジスティック回帰分析

一方，二項ロジスティック回帰分析による予測値（○）はＳ字型の曲線を描きつつ，確率の範囲である０～１を逸脱していない。独立変数の値が図中の値よりさらに大きかったり小さかったりしても，この予測値は１や０に限りなく近づいていくが１や０の値になることはない。したがって，どのような値の独立変数でも適切な予測値が得られるのである。

② 二項ロジスティック回帰分析のモデル式

2.1 独立変数と従属変数

独立変数が X_1 から X_m までの m 個存在するときの二項ロジスティック回帰分析の一般式は（10.1）式で表される。b_0 は切片，b_1，b_2，$\cdots$，b_m はそれぞれの独立変数につく偏回帰係数である。

$$\log_e\left(\frac{p}{1-p}\right) = b_0 + b_1X_1 + b_2X_2 + \cdots + b_mX_m \tag{10.1}$$

この式の右辺は，切片と，独立変数と偏回帰係数の積が線形結合しており，重回帰分析のそれとよく似ていることがわかるが，両者の違いは重回帰分析の一般式に残差項が含まれていることである。二項ロジスティック回帰分析でも重回帰分析と同様に，独立変数は連続変数のほかダミー変数化した離散変数でも構わない。また解釈のしかたについても，偏回帰係数は他の変数を統制した場合の当該独立変数の影響として考えることができる。

一方，従属変数を示す左辺は重回帰分析とはまったく異なっている。この部分が二項ロジスティック回帰分析の要点であり，以下で詳しく説明する。

2.2 従属変数のロジット変換

図10.1において，二項ロジスティック回帰分析による予測値の範囲が０～１に収まるようになるのは，従属変数を０～１の範囲をとる確率からロジット（logit）へと変換しているためである。あることがらについて経験がある（１）／経験がない（０）という従属変数を具体例にこの**ロジット変換**について解説しよう。

いま，サンプルに含まれる半分の人がある経験をしているとする。その場合，サンプルにおけるあることがらを経験している確率は0.5（50%）である。同様に，5分の1の人が経験ありの場合の確率は0.2（20%），10分の9の人が経験ありの場合の確率は0.9（90%）である。

　ここで，確率で考えられている従属変数をまず**オッズ**（odds）に変換する。オッズとは，ある事象が起こる確率（p）を起こらない確率（$1-p$）で除したものであり，以下の式で表される。

$$\text{odds} = \frac{p}{1-p} \tag{10.2}$$

　これは，ある事象が起こる確率を，ある事象が起こる確率は起こらない確率の何倍であるかというように表現しなおしたことを意味しており，オッズが大きいほどある事象が起こりやすいことを示している。先の例でいえば確率0.5，0.2，0.9のオッズはそれぞれ1，0.25，9となる。さらにある事象が起こる確率が1，すなわちサンプルに含まれる全員が経験済みのときのオッズはプラス無限大，反対に確率が0のオッズは0となる。

　次に，オッズに対して**自然対数変換**を行う。自然対数とは，e＝2.718…を底とする対数であり，自然対数変換を行ったオッズ（ln（odds））は**対数オッズ**（log odds）または**ロジット**（logit）と呼ばれる。

$$\ln(\text{odds}) = \text{logit}(p) = \log_e\left(\frac{p}{1-p}\right) \tag{10.3}$$

　確率0.5のときの対数オッズは0であり，確率0.2，0.9の対数オッズはそれぞれ−1.39，2.20である。また確率1の対数オッズはプラス無限大であり，確率0の対数オッズはマイナス無限大になる。以上の過程で登場した確率，オッズ，対数オッズの対応関係を表10.1に示す。

　以上のことから（10.1）式が示しているのは，確率の対数オッズがそれぞれの独立変数と線形関係にあるということであり，確率自体がそれぞれの独立変数と線形関係にあるということではないことに注意が必要である。また，（10.1）式を，左辺を従属変数が1をとる確率を示す式に表記しなおしたのが（10.4）式である。

140

第10章 離散変数を従属変数とした回帰分析（1）——二項ロジスティック回帰分析

表10.1 確率，オッズ，対数オッズの対応関係

ある事象が起こる確率 (p)	0	0.01	0.1	0.5	0.9	0.99	1
起こらない確率 $(1-p)$	1	0.99	0.9	0.5	0.1	0.01	0
オッズ $\left(\dfrac{p}{1-p}\right)$	0	0.01	0.11	1	9	99	$+\infty$
対数オッズ $\log_e\left(\dfrac{p}{1-p}\right)$	$-\infty$	-4.60	-2.20	0	2.20	4.60	$+\infty$

$$p = \frac{\exp(b_0 + b_1 X_1 + b_2 X_2 + \cdots + b_m X_m)}{1 + \exp(b_0 + b_1 X_1 + b_2 X_2 + \cdots + b_m X_m)} \tag{10.4}$$

この式からも独立変数と従属変数が1をとる確率が線形関係ではないことがわかるだろう。

【例題10.1】

ロジット変換に関する以下の問いに解答せよ。

（1）ある事象が起こる確率が0.3のとき，ある事象が起こらない確率は（　ア　），オッズは（　イ　），対数オッズは（　ウ　）である。

（2）独立変数がひとつの二項ロジスティック回帰分析において $b_0 = 1$，$b_1 = 0.5$ のとき，$X_1 = 1$ と $X_1 = 2$ のときの従属変数が1をとる確率をそれぞれ求めると，$X_1 = 1$ のときは（　エ　），$X_1 = 2$ のときは（　オ　）となる。したがって，$X_1 = 2$ のときの確率は $X_1 = 1$ のときのそれの2倍になっていないことがわかる。

③ 推定方法と結果の解釈

3.1 切片と偏回帰係数の推定方法

重回帰分析において切片と偏回帰係数の推定に用いるのは最小二乗法であった。一方，二項ロジスティック回帰分析では**最尤推定法**と呼ばれる推定法を用いている。最尤推定法では，初期値を変えながらサンプルからあるパラメータ

ア　$1 - p = 0.7$　　イ　$\dfrac{p}{1-p} = 0.43$　　ウ　$\log_e\left(\dfrac{p}{1-p}\right) = -0.85$　　エ　0.82　　オ　0.88

141

の組み合わせが得られる確率を計算していく。その確率を**尤度**といい，数多くのパラメータの組み合わせがあるなかで，尤度が最大となるものを選択するという考え方にしたがっている（尤度の求め方，および最尤推定法についての詳細は，Long（1997）を参照のこと）。

　最尤推定法によって推定された切片の値は，すべての独立変数の値が0であるときの従属変数の予測値であるという点で重回帰分析と同様である。ただし分析結果において切片に関心が払われることはそれほど多くなく，解釈においてより重視されるのは偏回帰係数である。推定された偏回帰係数の値は，他の変数を統制したときの当該独立変数の効果であり，この点も重回帰分析と共通である。しかし偏回帰係数の解釈には注意が必要である。

　ここで第7回「青少年の性行動全国調査」を用いて，性交経験に対する性別と年齢の影響に関する二項ロジスティック回帰分析の例を用いて説明しよう。年齢（*age*）は連続変数，性別は男子ダミー変数（*male_dum*）とする（なお，後に兄，姉のそれぞれの有無を示すダミー変数を追加投入したモデルを立てるため，ここでは兄，姉のそれぞれについて無回答があるケースは分析から除外する）。

$$\log_e\left(\frac{p}{1-p}\right) = b_0 + b_1 age + b_2 male\_dum$$

　SPSS を用いてこの分析を行うと，分析で使用した標本サイズなどを示す「処理したケースの要約」「従属変数のエンコード」に続いて「ブロック0：開始ブロック」の結果が表示される。「ブロック0」は指定した独立変数を含まないモデルの分析結果，すなわち切片のみのモデルであるため，さらに下の「ブロック1」をみる。このうち，「モデル係数のオムニバス検定」と「モデルの要約」については後述するので，ここでは「方程式中の変数」に着目する。

　この結果から，推定された切片と偏回帰係数，それらの標準誤差，有意確率を整理すると以下のようになる。

　これらの偏回帰係数について解釈すると，年齢が高いほど性交経験がある傾向が有意に高く，男子ダミーの効果は負であるが統計的には有意ではないことから，性別によって性交経験の有無に違いはないといえる。

　ただしここで肝心なのは，独立変数と線形関係にあるのは確率自体ではなく，

第10章　離散変数を従属変数とした回帰分析（1）──二項ロジスティック回帰分析

モデル係数のオムニバス検定

		カイ 2 乗	自由度	有意確率
ステップ 1	ステップ	1548.184	2	.000
	ブロック	1548.184	2	.000
	モデル	1548.184	2	.000

モデルの要約

ステップ	-2 対数尤度	Cox-Snell R2 乗	Nagelkerke R2 乗
1	6836.764[a]	.188	.278

a. パラメータ推定値の変化が .001 未満であるため、反復回数 5 で推定が打ち切られました。

方程式中の変数

		B	標準誤差	Wald	自由度	有意確率	Exp(B)
ステップ 1[a]	male_dum	-.096	.061	2.443	1	.118	.909
	問1(a) 年齢	.414	.012	1170.877	1	.000	1.512
	定数	-8.310	.223	1383.009	1	.000	.000

a. ステップ 1: 投入された変数 male_dum, 問1(a) 年齢

確率の対数オッズであるということだ。したがって，年齢が高いほど性交経験がある傾向が有意に高いということは，年齢が1歳高いと性交経験確率が一定分，高まるのではなく，たとえば13歳から14歳への1歳分と，18歳から19歳への1歳分がもつ効果は異なっているということである。

　表10.2のそれぞれの偏回帰係数の意味をより一般的な表現にすると，当該独立変数が1単位増えたときのオッズの比の対数をとったものということになる。したがって二項ロジスティック回帰分析における偏回帰係数 b_1 や b_2 は，**対数オッズ比**とも呼ばれる。

表10.2　切片と偏回帰係数の推定値

	推定値	標準誤差
切片	-8.310	.223***
age	.414	.012***
male_dum	-.096	.061

（注）***：$p<0.001$

143

3.2 対数オッズ比とオッズ比

二項ロジスティック回帰分析の偏回帰係数から独立変数の影響について考察するときに重要なのは，**オッズ比**の考え方である。オッズ比とは，独立変数の値が異なる群間のある事象が起こるオッズの比である。3.1の分析結果の「方程式中の変数」には exp (b) という値が表示されており，これがオッズ比である。この exp とは指数関数を意味しており，対数関数の逆関数である。先のモデル式の両辺の指数をとると以下のようになる。

$$\frac{p}{1-p} = \exp(b_0 + b_1 age + b_2 male\_dum)$$

ここで左辺は，従属変数が1をとるオッズに変わっている。そして右辺の exp (b_1) や exp (b_2) が示すのは，対数オッズ比を指数化したもの，すなわちオッズ比ということになる。先のモデルにおける性別の効果についていえば，オッズ比は男子の性交経験有りのオッズと女子の性交経験有りのオッズの比（男子のオッズ／女子のオッズ）である。このときオッズ比がちょうど1であれば男女でオッズは等しく，性別によって性交経験の有無に違いはないことを意味する。またオッズ比が1より高ければ男子の方が女子よりも性交経験があるということを，オッズ比が1より小さければ男子の方が女子よりも性交経験がないということをそれぞれ示している。

このように，二項ロジスティック回帰分析における独立変数の影響については対数オッズ比とオッズ比の2通りの表現方法がある。両者は exp$(0.414)=$ 1.512，ln$(1.512)=0.414$のように一方から他方を計算できるため，表10.2のように両方を記載するのは冗長だが，両者の区別を理解しておくことは重要である。たとえば，$\log_e\left(\frac{p}{1-p}\right) = 1 + 2X_1 - 0.8X_2$ という予測式が得られたときの対数オッズ比とオッズ比を用いた解釈はそれぞれ次のようになる。

対数オッズ比 (b)：

X_1 が1単位増えると，$Y=1$が起こる対数オッズは2高くなる。

X_2 が1単位増えると，$Y=1$が起こる対数オッズは0.8低くなる。

第10章　離散変数を従属変数とした回帰分析（1）——二項ロジスティック回帰分析

オッズ比 exp（b）：

　X_1 が 1 単位増えると，$Y=1$ が起こるオッズは e^2 倍（7.39倍）になる。

　X_2 が 1 単位増えると，$Y=1$ が起こるオッズは $e^{-0.8}$ 倍（0.45倍）になる。

　オッズ比で考えた方が直感的には理解しやすいかもしれないが，基本的には独立変数の影響の向きを符号から即座に判断できることから対数オッズ比を優先して記載した方が良いだろう。SPSS をはじめとする統計分析ソフトで二項ロジスティック回帰分析を行うと，特別な指定をせずとも対数オッズ比とオッズ比の両方を出力してくれる。

【例題10.2】

　$\log_e\left(\dfrac{p}{1-p}\right)=1+0.5X_1+0.3X_2$ の予測式が得られたとする。このときの独立変数の効果について，対数オッズ比（b）とオッズ比 exp（b）の双方による説明を行え。

（1）対数オッズ比（b）による説明：$Y=1$ が起こる対数オッズは X_1 が 1 単位増えると（　カ　）高くなり，X_2 が 1 単位増えると（　キ　）高くなる。

（2）オッズ比 exp（b）による説明：$Y=1$ が起こるオッズは X_1 が 1 単位増えると $e^{(　ク　)}$（（　ケ　）倍）になり，X_2 が 1 単位増えると $e^{(　コ　)}$（（　サ　）倍）になる。

④　統計的検定とモデル評価

4.1　偏回帰係数の検定

　重回帰分析などの線形回帰分析と同様，二項ロジスティック回帰分析でも，偏回帰係数は 0 であるという帰無仮説にもとづく偏回帰係数の推定値の検定がある。それが3.1の出力結果における「方程式中の変数」にある **Wald 統計量**によ

カ　0.5　　キ　0.3　　ク　0.5　　ケ　1.65　　コ　0.3　　サ　1.35

る検定であり，Wald 統計量は（10.5）式によって求められる。なお，$\hat{b}$ は偏回帰係数の推定値，s_b は偏回帰係数の標準誤差である。

$$\text{Wald 統計量} = \left(\frac{\hat{b}}{s_b}\right)^2 \tag{10.5}$$

この Wald 統計量が自由度1のカイ二乗分布にしたがうので，それを用いて検定した結果が偏回帰係数の有意確率となる。頻出する有意水準との関係として，Wald 統計量＞3.84のとき5％水準，Wald 統計量＞6.63のとき1％水準，Wald 統計量＞10.83のとき0.1％水準でそれぞれ統計的に有意であると表現する。表10.2の分析結果から年齢と男性ダミーのそれぞれの Wald 統計量は1196.64，2.54となり，表10.2で示した有意性検定の結果となっている。

4.2　モデル全体の評価

最尤推定法によって求められた尤度を用いて，設計したモデル全体の評価を行うことができる。つまり手元のサンプルにおけるデータのばらつきのうち，設計したモデルによって説明されない部分が大きいほどモデルの当てはまりが悪いと考えるのである。このモデル全体の評価についての考え方は重回帰分析のそれと似通っているため，表10.3には重回帰分析と二項ロジスティック回帰分析におけるモデル評価に関する指標の対応関係を示しておく。

表10.3　モデル評価に関する指標の対応関係

重回帰分析	二項ロジスティック回帰分析
SS_{TOTAL}（全平方和）	初期 -2 log likelihood…①
SS_{ERROR}（誤差平方和）	-2 log likelihood…②
$SS_{REGRESSION}$（回帰平方和）	①$-$②
モデルの F 検定	尤度比検定
R^2（決定係数）	Pseudo R^2（擬似決定係数）

尤度は確率であり，0〜1の範囲をとるため，これを自然対数変換し，さらに-2を掛けたものを**デビアンスまたは－2対数尤度**（-2 log likelihood）という。デビアンスの値が大きいほど設計したモデルの当てはまりが悪いことを意味し，これは重回帰分析における SS_{ERROR}（誤差平方和）に相当する。①初期 -2 log likelihood の「初期」とは，独立変数を含めない切片のみで推定されたモデルで

第10章 離散変数を従属変数とした回帰分析（1）──二項ロジスティック回帰分析

あることを意味しており，②-2 log likelihood が切片と独立変数を含めたモデルについての結果である。すなわち，①-②が独立変数によって説明された差分を意味する。したがって重回帰分析における $SS_{REGRESSION}$（回帰平方和）に相当するものであり，3.1の出力結果では「モデルのオムニバス検定」における「モデル」の「カイ二乗」に相当する。

　また独立変数をモデルに含めたことによるモデル全体の改善度合いを評価するには，**尤度比検定**を行う。これは投入した独立変数の数を自由度，①-②を検定統計量としたカイ二乗検定である（検定の結果は「モデルのオムニバス検定」における「モデル」の「自由度」「有意確率」として表示される）。また別の独立変数を追加したときのモデルの改善についても，尤度比検定で可能である。その場合も，デビアンスの差分と自由度の差分を用いてカイ二乗検定を行えばよい。

　二項ロジスティック回帰分析は線形回帰分析ではないため，0〜1までの値をとる（自由度調整済み）決定係数を用いることができない。ただし**擬似決定係数**という指標を用いることで，モデルの当てはまりの良さを把握することも可能である。切片のみのモデルの尤度を L_0，独立変数を投入したモデルの尤度を L_1 とすると，擬似決定係数 **Cox and Snell R^2** は，（10.6）式で与えられる。

$$\text{Cox and Snell } R^2 = 1 - \left(\frac{L_1}{L_0}\right)^{\frac{2}{N}} \tag{10.6}$$

　この Cox and Snell R^2 は，最小二乗法に当てはめると重回帰分析における決定係数 R^2 と一致するという性質をもつ。ただし，Cox and Snell R^2 は上限が1になるとは限らない。そこで（10.7）式の **Nagelkerke R^2** では，Cox and Snell R^2 の上限を1となるように調整されている。

$$\text{Nagelkerke } R^2 = \frac{1 - \left(\frac{L_1}{L_0}\right)^{\frac{2}{N}}}{1 - (L_0)^{\frac{2}{N}}} \tag{10.7}$$

　いずれの擬似決定係数も，値が大きいほどモデル全体の当てはまりが良いことを表している。

　また複数のモデルを比較する際に有効なのは，AIC（赤池情報量基準）や BIC（ベイズ情報量基準）である。k をパラメータ数，N をサンプルサイズとしたとき，

147

以下の式で計算された AIC や BIC は，小さいほどモデルの当てはまりがよい
ことを示す。

$$\text{AIC} = -2 \log \text{likelihood} + 2 \times k \qquad (10.8)$$
$$\text{BIC} = -2 \log \text{likelihood} + \log_e N \times k \qquad (10.9)$$

⑤ 分析における注意点と結果のまとめ方

5.1 偏回帰係数の比較

二項ロジスティック回帰分析では，重回帰分析における標準偏回帰係数のよ
うに係数の値を直接比較することはできない。たとえば表10.2の年齢と男子ダ
ミーの偏回帰係数の値から，年齢1歳分と女子（0）を基準としたときの男子
（1）の効果は後者の方が強いとはいえないのである。これは独立変数の測定の
単位が異なるためである。

また標準化した変数によって二項ロジスティック回帰分析を行ったとしても，
実質的な解釈が困難である。したがって二項ロジスティック回帰分析では，そ
れぞれの独立変数の影響については有意性や影響の向きに着目し，必要な場合
はオッズ比 $\exp(b)$ で解釈するとよいだろう。

5.2 完全な判別と多重共線性

二項ロジスティック回帰分析では，最尤推定法によって適切な解が求められ
ないことがある。この事態の多くは完全な判別が起こっていることに由来する。
完全な判別とは，独立変数と従属変数のクロス集計表において度数が0のセル
が存在することである。この場合，対数オッズがプラス，またはマイナス無限
大になってしまい，反復計算の過程で最終的な解に収束していかない（SPSSで
は，完全な判別により最終解が求められない場合はその旨の警告が表示される）。分析
の結果，偏回帰係数や標準誤差が異常に大きい値をとっている場合は，完全な
判別が起こっている可能性が高い。

また重回帰分析と同様の理由で，多重共線性にも注意が必要である。完全な

第10章　離散変数を従属変数とした回帰分析（1）——二項ロジスティック回帰分析

判別や多重共線性を避けるには，独立変数の加工や取捨選択が必要になる。やや粗めの値の再割り当てを行って完全な判別が起こらないようにしたり，強い相関が確認される独立変数のペアがあれば，いずれかをモデルから除外したりすればよい。

5.3　結果のまとめ方

　二項ロジスティック回帰分析の結果のまとめ方は，基本的には表10.4にならって示せばよい。この分析のモデル1は表10.2と同じで，モデル2はモデル1に兄と姉の有無を示すダミー変数を独立変数に追加したモデルである。

表10.4　性交経験の有無に関する二項ロジスティック回帰分析結果

	モデル1		モデル2	
	偏回帰係数	標準誤差	偏回帰係数	標準誤差
定　　数	−8.310	.223***	−8.528	.230***
年　　齢	.414	.012***	.418	.012***
男子ダミー	−.096	.061	−.102	.061
兄あり			.190	.066**
姉あり			.297	.065***
−2対数尤度	6836.764		6809.475	
Cox-Snell R^2	.188		.191	
Nagelkerke R^2	.278		.282	
N	7436		7436	

(注)　**：$p<0.01$　　***：$p<0.001$

6　まとめ

　本章では従属変数がダミー変数である場合の回帰分析として，二項ロジスティック回帰分析を学んだ。ここで重要なのは従属変数がダミー変数であるということが，必ずしもあらかじめ2値で測定された変数である必要はないということである。

　たとえば第7回「青少年の性行動全国調査」にはこれまで何人と付き合ったことがあるかを問う質問項目がある（問11A）。これを「付き合った人はいない」というカテゴリーを1，1人以上と付き合った経験があるすべてのカテゴリー

149

を0とリコードして従属変数を作成すれば，調査時点までに交際経験がない人はどのような特徴をもっているのかというテーマで分析が可能となる。その他にも，複数の変数を組み合わせたりすることで新たな分析の焦点を見出すことができる。

　つまり，どのような特徴をもつ人々に焦点を当てたいのかを具体化し，適切に変数を加工できれば，二項ロジスティック回帰分析はかなり汎用性の高い手法である。重回帰分析との違いをしっかりと理解してから柔軟なモデル作りを行い，結果を確かめてみるとよいだろう。

【学習課題】

Q10.1　表10.2の分析結果をもとに，このモデルから推定される15歳の男子と17歳女子の性交経験有りの確率を求めよ。

Q10.2　第7回「青少年の性行動全国調査」のデータを用いて，性的関心経験の有無（問13a）を従属変数，年齢，性別（男子ダミー変数として投入）を独立変数とした二項ロジスティック回帰分析を行い，そこからわかることを記述せよ。

Q10.3　先のQ10.2のモデルに，新たに兄，姉の有無を（兄ありダミー変数，姉ありダミー変数として投入）を独立変数に加えて再分析し，それぞれの独立変数の効果とモデルの改善について考察せよ。

第11章

離散変数を従属変数とした回帰分析（２）
──多項・順序ロジスティック回帰分析

〜〜〜 **本章の目標** 〜〜〜

　本章では従属変数が離散変数であり，かつ３値以上のときの回帰分析について学ぶ。多項ロジスティック回帰分析と順序ロジスティック回帰分析の違いをはじめ，それぞれの特徴を理解するとともに，事例を通じてこれらの手法の実際の適用方法を身につける。

キーワード　多項・順序　ロジスティック回帰分析　名義尺度　順序尺度

〜〜〜〜〜〜〜〜〜〜〜〜〜〜〜〜〜〜〜〜〜〜〜〜〜〜〜〜〜〜〜〜〜〜〜〜〜〜

１　多項ロジスティック回帰分析と順序ロジスティック回帰分析

1.1　離散的で多値の従属変数

　本書第10章で解説した二項ロジスティック回帰分析は，従属変数がダミー変数，すなわち０か１の値しかとらない変数に対する分析手法である。

　一方，本章で解説する分析手法は従属変数が離散変数であり，かつ多値（３つ以上の値をとる）の変数に対する回帰分析である。３つ以上の値をとるということは，ある経験をしたか否か，あるものをもっているか否かなどといった２つの状態の区別だけでなく，さらに別の状態を定義し区別できることを意味する。

1.2　従属変数の値の順序性

　離散的で多値の従属変数は，値に順序性が認められるか否かによって２つに区別される。値の順序性について具体例を挙げて説明しよう。

　たとえば調査票の回答選択肢でよくみられる「１．そう思う」「２．どちらかといえばそう思う」「３．どちらかといえばそう思わない」「４．そう思わない」は順序性が認められる典型例である。この例は値が大きいほど否定の度合いが

151

強くなっているため，連続変数と考えることもできそうだが，厳密には回答選択肢の1と2，2と3，3と4のそれぞれの間隔が一定とは限らないことから，間隔尺度ではなく**順序尺度**と考えるのが適切である。

　第7回「青少年の性行動全国調査」のなかで，「よく話をする異性の友人がいるか」という質問項目がある（問9）。その回答選択肢は「1．たくさんいる」「2．数人いる」「3．ひとりいる」「4．いないのでほしい」「5．いないが，特にほしいと思わない」となっている。これも「4．いないのでほしい」と「5．いないが，特にほしいと思わない」を「ひとりもいない」というカテゴリーにまとめることによって，順序性を満たすことになる。このように，3つ以上の値に順序性が認められる場合の回帰分析として，**順序ロジスティック回帰分析**がある。

　一方，従属変数がこのような順序性をもたない**名義尺度**である場合，それぞれの値が示しているのは質的な性質の違いに過ぎない。この場合の回帰分析として，**多項ロジスティック回帰分析**がある。以降では，多項ロジスティック回帰分析，順序ロジスティック回帰分析の順に解説する。

②　多項ロジスティック回帰分析

2.1　基準カテゴリーとモデル式

　多項ロジスティック回帰分析は，順序性のない多値の従属変数に対する回帰分析である。独立変数が X_1 から X_m までの m 個存在し，従属変数は最もシンプルな3値（A, B, C）のときの多項ロジスティック回帰分析のモデルを考えてみよう。

　従属変数はどれか1つの値を**基準カテゴリー**として設定する必要があり，推定されるのは基準カテゴリーに対してその他のそれぞれのカテゴリーが生起する確率の対数オッズを予測するための切片と偏回帰係数である。

152

第11章 離散変数を従属変数とした回帰分析（2）——多項・順序ロジスティック回帰分析

$$\log_e\left(\frac{p_A}{p_C}\right) = b_{0A} + b_{1A}X_1 + b_{2A}X_2 + \cdots + b_{mA}X_m$$

$$\log_e\left(\frac{p_B}{p_C}\right) = b_{0B} + b_{1B}X_1 + b_{2B}X_2 + \cdots + b_{mB}X_m$$

(11. 1)

　いま従属変数は 3 値であるため，C が生起する確率 p_C に対して A が生起する確率 p_A の対数オッズ $\log_e\left(\frac{p_A}{p_C}\right)$，C が生起する確率 p_C に対して B が生起する確率 p_B の対数オッズ $\log_e\left(\frac{p_B}{p_C}\right)$ についての 2 つの予測式が同時推定される。2 本の式における切片やそれぞれの独立変数につく偏回帰係数は，別々の推定値が設定される。また従属変数が 4 値になるともう 1 つ予測式が増えることになり，一般的な表現をすれば，多項ロジスティック回帰分析では従属変数のカテゴリー数から 1 つ少ない分の予測式が同時推定されることになる。

　切片や偏回帰係数の解釈のしかたは，二項ロジスティック回帰分析のそれと同じであり，偏回帰係数については基準カテゴリーとの比較（ここでは C に対する A，C に対する B）になっていることに注意しておけば良い。また二項ロジスティック回帰分析と同様に，オッズ比による解釈も可能である（SPSS では偏回帰係数に加えて自動的にオッズ比も出力される）。

　モデル全体の評価については本書第10章で紹介した擬似決定係数，AIC，BIC，尤度比検定によるモデル比較も可能である。SPSS では多項ロジスティック回帰分析を行った際，Cox and Snell R^2 と Nagelkerke R^2 に加えて，McFadden R^2 も出力される。切片のみのモデルの尤度を L_0，独立変数を投入したモデルの尤度を L_1 とすると，**McFadden R^2** は以下の式で表される。この指標も値が大きいほどモデルの当てはまりが良いことを表している。

$$\text{McFadden } R^2 = 1 - \frac{\log_e L_1}{\log_e L_0}$$

(11. 2)

153

2.2 基準カテゴリー設定における留意点

多項ロジスティック回帰分析では，基準カテゴリーを変えてもモデルが実質的に意味することは変わらない。ただし基準カテゴリーをどれに設定するかによって，分析結果の見え方は大きく異なる。

従属変数のあるカテゴリーが生起する可能性は，常に基準カテゴリーに対するものであるため，たとえば「その他」のようなカテゴリーを基準カテゴリーにするのは基準が曖昧になってしまうため望ましくない。基準カテゴリーは分析者がどのカテゴリー間の差異に着目するかによって，適切に設定されるべきである。

また（11.1）式のように，基準カテゴリーをCとした場合，Bが生起する確率 p_B に対するAが生起する確率 p_A の対数オッズ $\log_e\left(\dfrac{p_A}{p_B}\right)$ の予測式は推定されない。これを知りたい場合は基準カテゴリーをBに変えて分析しなおすか，分析結果の偏回帰係数の値を用いて，（11.3）式のように $(b_{mA} - b_{mB})$ を計算すれば良い。ただし標準誤差は（11.3）式の手順で計算できないので，統計的に有意かどうかを判断したい場合は基準カテゴリーを変えて再分析しなければならない。

$$\log_e\left(\frac{p_A}{p_B}\right) = \log_e\left(\frac{p_A}{p_C} \div \frac{p_B}{p_C}\right) = \log_e\left(\frac{p_A}{p_C}\right) - \log_e\left(\frac{p_B}{p_C}\right)$$
$$= (b_{0A} - b_{0B}) + (b_{1A} - b_{1B})X_1 + (b_{2A} - b_{2B})X_2 + \cdots + (b_{mA} - b_{mB})X_m$$

$$(11.3)$$

2.3 分析例——初交相手との年齢差

多項ロジスティック回帰分析の実例について，第7回「青少年の性行動全国調査」を用いて解説しよう。

いま初交相手の年齢（「1．年上」「2．同い年」「3．年下」の3カテゴリー）に対する性別（男子ダミー）と初交時の年齢の効果についてのモデルを考える。従属変数の基準カテゴリーは「同い年」である。したがって，初交相手が「同い年」であることに対して「年上」や「年下」であることについての性別と初交時の

154

第11章　離散変数を従属変数とした回帰分析（2）──多項・順序ロジスティック回帰分析

年齢の影響を考察する。

　ところで，初交相手の年齢は年齢の高さを表しているため順序尺度と考えてもよさそうだが，ここでは初交相手の質的な属性として捉えている。自分からみた年上，同い年，年下の概念は一次元的とは限らず，それぞれが質的な独自の意味をもっていると考えられるためである（表11.2でみるように，初交相手の年齢を実際に順序尺度として扱い，順序ロジスティック回帰分析を行うのは後述する平行性の仮定の点からもふさわしくない）。

　SPSS を用いてこの分析を行うと，分析で使用した標本サイズと従属変数の分布などを示す「処理したケースの要約」，独立変数を含まない切片のみのモデルと指定したモデルとの差を表す「モデル適合情報」が表示される。続いて擬似決定係数，偏回帰係数の有意性検定の結果を表す「尤度比検定」，独立変数の効果を表す「パラメータ推定値」が表示される。

処理したケースの要約

		度数	周辺パーセント
q15c 問15(c) 初めてセックス（性交）した相手は年上か年下か	1 年上	592	31.9%
	2 同い年	1119	60.3%
	3 年下	146	7.9%
有効数		1857	100.0%
欠損		5825	
合計		7682	
部分母集団		32[a]	

a. 従属変数は、6 (18.8%) の部分母集団で観測された値を1つ
　だけ含みます。

疑似 R2 乗

Cox と Snell	.099
Nagelkerke	.120
McFadden	.060

155

パラメータ推定値

q15c 問15(c) 初めてセックス（性交）した相手は年上か年下か[a]		B	標準誤差	Wald	自由度	有意確率	Exp(B)	Exp(B) の 95% 信頼区間 下限	上限
1 年上	切片	-1.211	.415	8.522	1	.004			
	male_dum	-1.113	.117	91.032	1	.000	.329	.261	.413
	q15b 問15(b) 初めてセックス（性交）したのは何歳	.057	.025	5.308	1	.021	1.058	1.008	1.110
3 年下	切片	-7.485	.810	85.352	1	.000			
	male_dum	.888	.188	22.355	1	.000	2.431	1.682	3.514
	q15b 問15(b) 初めてセックス（性交）したのは何歳	.289	.045	41.254	1	.000	1.335	1.222	1.458

a. 参照カテゴリは 2 同い年 です。

　このうち，特に重要な上の 3 つの出力結果をもとに分析結果を表としてまとめると，表11.1のようになる。分析結果は基本的にはこのような形式でまとめる。ただし表11.1では 3 種類の決定係数を表示しているが，冗長であるため本来は必要なものに限って記載するのが望ましい。

　分析結果を解釈する際には，それぞれの予測式ごとにみていくと良い。「年上」の式における男子ダミーは負の強い効果，初交時年齢は正で弱い効果があることから，男子は女子に比べて初交相手が年上より同い年になりやすく，初交時の年齢が高いほど年上が初交相手である傾向がややあるといえる。

　一方，「年下」の式における男子ダミーは正の強い効果，初交時年齢も正の強い効果があることから，男子は女子に比べて初交相手が同い年よりも年下になりやすく，初交時の年齢が高いほど年上が初交相手である傾向があるということである。この結果から，男子は女子に比べて初交相手が年上よりも同い年，同

表11.1　初交相手の年齢に関する多項ロジスティック回帰分析結果

	年上 （$N=592$）		年下 （$N=146$）	
	偏回帰係数	標準誤差	偏回帰係数	標準誤差
切　片	-1.211	.415**	-7.485	.810***
男子ダミー	-1.113	.117***	.888	.188***
初交時年齢	.057	.025*	.289	.045***
- 2 対数尤度	3035.967			
cox-Snell R^2	.099			
Nagelkerke R^2	.120			
McFadden R^2	.060			
N	1857			

（注）　＊：$p<0.05$　＊＊：$p<0.01$　＊＊＊：$p<0.001$

第11章　離散変数を従属変数とした回帰分析（2）——多項・順序ロジスティック回帰分析

い年よりも年下である傾向があり，女子はその逆であることがわかる。

　しかし初交時の年齢については，初交時年齢が低いほど相手が同い年である傾向が強く，初交時年齢が高くなるにつれて年上や年下といった年齢差のある相手と経験する傾向が出てくることがわかる。

【例題11.1】

　従属変数の基準カテゴリーを年上としたときの，初交相手が年下であることに対する男子ダミーの偏回帰係数の値は（　ア　）である。

③　順序ロジスティック回帰分析

3.1　閾値とモデル式

　順序ロジスティック回帰分析は，順序性のある多値の従属変数に対する回帰分析である。独立変数が X_1 から X_m までの m 個存在し，従属変数は最もシンプルな3値（A, B, C）のときの順序ロジスティック回帰分析のモデルは以下の式で表される。

$$\log_e\left(\frac{p_1}{p_2+p_3}\right) = b_{01} - (b_1X_1 + b_2X_2 + \cdots + b_mX_m)$$
$$\log_e\left(\frac{p_1+p_2}{p_3}\right) = b_{02} - (b_1X_1 + b_2X_2 + \cdots + b_mX_m)$$

(11.4)

　左辺の p_1, p_2, p_3 はそれぞれ1番目，2番目，3番目のカテゴリーが生起する確率である。したがって，上の式は2番目か3番目のカテゴリーが生起する確率に対する1番目のカテゴリーが生起する確率の対数オッズを，下の式は3番目のカテゴリーが生起する確率に対する1番目か2番目のカテゴリーが生起する確率の対数オッズを表している。また（11.4）式からわかるように，順序ロジスティック回帰分析では従属変数に特定の基準カテゴリーは存在しない。

ア　$0.888 - (-1.113) = 2.001$

右辺をみると，切片が2つの式で異なっているが，ほかの部分は共通であることがわかる。この順序ロジスティック回帰分析における切片は，**閾値**と呼ばれるものである。ここで（11.4）式の上の式を例に，順序ロジスティック回帰分析の要点について説明しよう。

左辺の値が0のとき，すなわち，$p_1 = p_2 + p_3$ のとき，以下の式が得られる。

$$b_{01} = b_1 X_1 + b_2 X_2 + \cdots + b_m X_m \tag{11.5}$$

これは，閾値（b_{01}）が独立変数と偏回帰係数の線形結合であることを意味しており，1番目のカテゴリーが生起する確率がちょうど50％のときの閾値が b_{01} であるということだ。1番目のカテゴリーが生起する確率が50％より高くなれば，（11.5）式の等号（＝）は「＞」に変わり，反対に50％より低くなれば「＜」に変わる。つまり，$(b_1 X_1 + b_2 X_2 + \cdots + b_m X_m)$ が閾値（b_{01}）を上回っていれば1番目のカテゴリーが，下回っていれば2番目以降のカテゴリーが生起しやすいことを示している。

（11.4）式の下の式についても同じ考え方を適用すると，閾値（b_{02}）は2番目までのカテゴリーの生起確率が50％のときの $(b_1 X_1 + b_2 X_2 + \cdots + b_m X_m)$ であり，$(b_1 X_1 + b_2 X_2 + \cdots + b_m X_m)$ が閾値（b_{02}）を下回っていれば3番目のカテゴリーが生起しやすいということを意味している。

順序ロジスティック回帰分析におけるモデル全体の当てはまりについては，二項ロジスティック回帰分析，および多項ロジスティック回帰分析と同じ考え方ができる。

3.2 平行性の仮定

順序ロジスティック回帰分析では，予測式における閾値以外の部分が共通のため，独立変数の効果は従属変数が1番目から2番目のカテゴリーになること，2番目から3番目のカテゴリーになることの両方で等しいという**平行性の仮定**を置いている。

後述するように，平行性が成立していると判断するかどうかは最終的には分析者に委ねられているが，平行性の仮定が成立しているかどうかを事後的に統

第11章　離散変数を従属変数とした回帰分析（2）——多項・順序ロジスティック回帰分析

計的に検定することも可能である（SPSSで順序ロジスティック回帰分析における平行性の仮定に関する検定を行うには，三輪・林（2014: 195-205）を参照のこと）。検定の結果，平行性の仮定が成立していないとされるときは，多項ロジスティック回帰分析に切り替えて再分析してみても良いだろう。

　ここで，平行性の仮定が成立していない分析事例として，表11.1の初交相手の年齢に関する多項ロジスティック回帰分析と同じ変数を用いて，順序ロジスティック回帰分析を行ってみよう。従属変数は初交相手の年齢であり，「1．年下」「2．同い年」「3．年上」となるようにリコードしてある。

表11.2　初交相手の年齢に関する順序ロジスティック回帰分析結果

	偏回帰係数	標準誤差
男子ダミー	−1.216	.104***
初交時年齢	−.031	.022
閾値1	−3.621	.382***
閾値2	−.177	.368

（注）***：$p<0.001$

　表11.2がその結果をまとめたものである（擬似決定係数やサンプルサイズは省略）。これをみると，男子ダミーの効果は負であり，男子は女子に比べて初交相手が年上より同い年，同い年より年下になる傾向が強いことがわかる。これは表11.1でみた多項ロジスティック回帰分析の結果と一致している。しかし，初交時年齢の効果は統計的に有意ではない。多項ロジスティック回帰分析では初交時年齢が低いほど同い年の相手である傾向が強いことが確認されていたので，同い年を基準としたときの年上，年下への効果が相殺される形で有意な効果がなくなっているのである。これが平行性の仮定が成立していないにもかかわらず，順序ロジスティック回帰分析を適用した場合の不適切な事例である。

　実際，この分析事例に対して平行性の仮定に関する検定を行っても，「すべての予測式で独立変数の偏回帰係数が等しい」という帰無仮説は棄却される。繰り返しになるが，このような場合は表11.1の多項ロジスティック回帰分析の結果を採用すべきである。

　なお，ここでさらに注意しなければならないのは，平行性の仮定に関する検

159

定結果のみを根拠に順序ロジスティック回帰分析を採用するかほかの分析手法とするかを判断するのは早計だということである。平行性の仮定に関する検定では，経験上，多くの場合で帰無仮説は棄却されてしまう（平行性の仮定に関する検定とその欠点についての詳細は，Long and Freese（2014）を参照のこと）。しかし，多項ロジスティック回帰分析などのほかのモデルを採用することで，かえって解釈が困難になったり冗長になったりすることもある。

　したがって平行性の仮定に関する検定は，あくまでもひとつの判断基準とし，分析の関心や背後にある仮説と整合的なモデルを選択すると良いだろう。

3.3　分析例──性についての「楽しい─楽しくない」イメージ

　順序ロジスティック回帰分析の分析事例について，第7回「青少年の性行動全国調査」を用いて解説しよう。従属変数は性に対する『楽しい─楽しくない』のイメージであり，「1．楽しくない」「2．どちらかといえば楽しくない」「3．どちらかといえば楽しい」「4．楽しい」というように，値が大きいほど肯定的な意見となるようにリコードしている。独立変数は年齢，男子ダミー，性交経験の有無である。

　SPSSを用いてこの分析を行うと，分析で使用したサンプルサイズと従属変数の分布などを示す「処理したケースの要約」，独立変数を含まない切片のみのモデルと指定したモデルとの間で尤度比検定を行った「モデル適合情報」，モデルから予測される従属変数の分布についての検定結果である「適合度」が表示される。続いて擬似決定係数，独立変数の効果を表す「パラメータ推定値」が表示される。

処理したケースの要約

		ケースの数	周辺割合
r28a	1.00	1230	17.4%
	2.00	1905	27.0%
	3.00	3053	43.3%
	4.00	869	12.3%
有効数		7057	100.0%
欠損		625	
合計		7682	

第11章　離散変数を従属変数とした回帰分析（2）——多項・順序ロジスティック回帰分析

疑似 R2 乗

Cox と Snell	.167
Nagelkerke	.181
McFadden	.071

リンク関数: ロジット

パラメータ推定値

		B	標準誤差	Wald	自由度	有意確率	95% 信頼区間 下限	上限
しきい値	[r28a = 1.00]	1.592	.146	118.858	1	.000	1.306	1.878
	[r28a = 2.00]	3.083	.149	429.086	1	.000	2.791	3.374
	[r28a = 3.00]	5.587	.160	1219.430	1	.000	5.273	5.900
位置	q01a	.162	.009	336.730	1	.000	.145	.180
	male_dum	.799	.046	304.621	1	.000	.710	.889
	sex_dum	1.003	.059	292.690	1	.000	.888	1.118

リンク関数: ロジット

　上の3つの出力結果が順序ロジスティック回帰分析の結果をまとめる際に重要なものである。これを表にまとめると，表11.3のようになる。分析結果は基本的にはこのような形式でまとめる。ただし表11.3では3種類の決定係数を表示しているが，表11.1と同様に冗長であるため，必要なものに限って記載すれば良い。

　この結果から，年齢が高いほど性に対して楽しいというイメージをもっている傾向があり，性別については女子より男子の方が，性交経験については経験がある方が楽しいイメージをもつ傾向があることがわかる。また，このモデルは平行性の仮定に関する検定の結果は有意となっており，帰無仮説は棄却されているが，多項ロジスティック回帰分析を行ってもほぼ解釈は変わらないためこの結果を採用している。

3.4　重回帰分析との使い分け

　最後に順序ロジスティック回帰分析と重回帰分析の使い分けについてふれておこう。実は表11.3で行った分析結果は，従属変数を連続変数として捉えた重回帰分析の結果とほぼ同じ解釈にいたる。実際の計量分析の場面では，このようなケースは珍しくなく，順序ロジスティック回帰分析と重回帰分析のどちらを採用すべきかで判断しかねることもあるだろう。最後にこの点についてのひとつの方策を示しておこう。

表11.3 性イメージ「楽しい―楽しくない」に関する順序ロジスティック回帰分析結果

	偏回帰係数	標準誤差
年　齢	.162	.009***
男子ダミー	.799	.046***
性交経験ありダミー	1.003	.059***
閾値1	1.592	.146***
閾値2	3.083	.149***
閾値3	5.587	.160***
－2対数尤度	16757.547	
cox － Snell R^2	.167	
Nagelkerke R^2	.181	
McFadden R^2	.071	
観測度数（比率）		
$y=1$	1230	(.174)
$y=2$	1905	(.270)
$y=3$	3053	(.433)
$y=4$	869	(.123)

(注) *** : $p<0.001$

　重回帰分析の強みは，サンプルサイズが小さくても安定した分析結果を示すという最小二乗法がもつ性質である。一方，順序ロジスティック回帰分析の推定方法である最尤推定法は，十分なサンプルサイズが確保されないと推定が不安定になることや，最終的な解を求められないことがある。

　したがって，従属変数に順序性が認められるなかで順序ロジスティック回帰分析の推定がうまく収束しない場合は，本来は順序尺度である従属変数を便宜的に連続量としてみなし，重回帰分析を行うのが次善策である。十分なサンプルサイズが確保できている場合は，従属変数の性質に準拠して順序ロジスティック回帰分析を行えば良いだろう。

④　まとめ

　本章では，従属変数が離散的であり3値以上の値をとる場合の回帰分析として，多項ロジスティック回帰分析と順序ロジスティック回帰分析を学んだ。両者の違いは，従属変数の値に順序性が認められるか否かということであり，順序性が認められる場合は順序ロジスティック回帰分析を用いる。

第11章　離散変数を従属変数とした回帰分析（2）——多項・順序ロジスティック回帰分析

これらのような離散変数を従属変数とする回帰分析，本書第10章の二項ロジスティック回帰分析，重回帰分析のそれぞれの内容を理解し，使い分けができるようになれば，回帰分析の枠組みで物事を説明することに対する十分なスキルを有しているといえるだろう。実際に，多くの学術的な分析結果もこれらの分析手法やその応用から成り立っている。

ここをクリアした読者にとって次に重要になるのは，仮説や研究テーマとして掲げている現象について，得られている調査データにどのような操作を行い，どの分析手法を適用すれば検証できるかを柔軟に判断できる力を養うことである。ときに複数の手段も想定されうるし，どちらが適切か決めかねることもあるはずである。先行研究の分析手法を変えた追試や，失敗例を通して経験から学んでいくことも計量分析スキルを上達させる大きな手がかりとなるだろう。

【学習課題】

Q11.1　第7回「青少年の性行動全国調査」のデータを用いて，初めてのセックスはどちらから要求したか（問15d）を従属変数とし，「どちらともいえない。自然に」を基準カテゴリーに設定したうえで，性別（男子ダミー変数として投入），初交相手との年齢差（同い年を基準カテゴリーとしたダミー変数として投入），初交時の年齢を独立変数とする多項ロジスティック回帰分析を行い，そこからわかることを記述せよ。

Q11.2　Q11.1で行った分析結果をもとに，従属変数の基準カテゴリーを「自分から言葉や態度で」に変更した場合の偏回帰係数を計算して求めた後，実際に基準カテゴリーを変更して再分析を行い，計算結果を確認せよ。

Q11.3　第7回「青少年の性行動全国調査」のデータを用いて，「セックスをすることで妊娠する（させる）可能性が気になるか（問29）」を従属変数とし（値が大きいほど「気になる」ようにリコード），年齢，性別（男子ダミー変数として投入），性交経験の有無（性交経験ありダミー変数として投入）を独立変数とした順序ロジスティック回帰分析を行い，そこからわかることを記述せよ。

163

第12章

多変量解析を用いた論文を読み解くために

~~~ **本章の目標** ~~~

多変量解析を用いた先行研究を読み解くために，理論とデータ，方法の３要件からなるリサーチ・トライアングルの考え方を学ぶ。そのうえで，理論とデータ，方法のそれぞれに焦点を合わせてチェック・ポイントを理解する。最後に，社会学的想像力のツールとしての多変量解析について考察を深める。

キーワード リサーチ・トライアングル　反証可能性　信頼性　妥当性　データ・アーカイブ　共分散構造分析　マルチレベル分析　社会学的想像力

① 先行研究を検討することの意味と観点

1.1 巨人の肩の上に立つ

学術情報の検索エンジン Google Scholar のトップページに，「巨人の肩の上に立つ（standing on the shoulders of giants）」という言葉が掲げられているのを知っているだろうか（図12.1）。

この言葉は，ヨーロッパで古くから用いられてきたものであり，自然科学者のアイザック・ニュートンや社会学者のロバート・K・マートンらが用いたこ

Google Scholar

すべての言語　● 英語 と 日本語のページを検索

巨人の肩の上に立つ

Google Scholar in English

図12.1　Google Scholar のトップページ

とで，広く知られるようになった。たとえ小人でも巨人の肩の上に立てば遠く を見渡すことができることから，先人たちが積み重ねた知識を土台として新た な発見が導かれるということを含意している。この言葉が示すように，学術論 文では，まず先行研究の検討を行い，これまでの研究の到達点や限界を示した うえで，新たに自分の問題提起を行うことが基本的なスタイルとなっている。

これから調査実習に参加したり，卒業論文を執筆したりする際にも，先行研 究を収集し，比較検討することは，最初の重要な作業となる。ただし，ここで 注意しなければならないのは，すべての先行研究が偉大な業績（巨人）として， 新しい発見を導いてくれるわけではないという点である。学術論文や調査報告 書などの先行研究は，教科書とは異なり，必ずしも「正解」ばかりとは限らな い。先行研究は，様々な問題や欠陥を含んだ反面教師となることもあれば，自 分の見解と真っ向から対立する強力なライバルとなることもある（佐藤 2015: 147）。

そうした可能性を考えると，先行研究を検討するという作業には，それぞれ の知見の内容を理解しようとする「学習者」のまなざしだけでは不十分である ことがわかる。先行研究の知見やそれを導いた方法が適切なものかどうかを公 平かつ客観的に吟味しようとする「評価者（査読者）」のまなざしや，調査研究 のノウハウを先行研究から会得しようとする「実践者（調査者）」のまなざしも 必要となってくる。これらの点において，先行研究を検討する作業は，教科書 を読む作業と大きく異なっている。

1.2　リサーチ・トライアングルの観点——理論とデータ，方法のバランス

では，多変量解析を用いた論文や報告書を先行研究として検討する場合，ど のような観点から検討すればよいのだろうか。佐藤（2015: 27）は，定量的調査 でも定性的調査でも，社会調査を用いた論文や報告書が最終的に備えるべき要 件として，**リサーチ・トライアングル**という考え方を提唱している。これは，社 会調査を構成する３つの要件——①理論（明確な理論的根拠），②データ（確実な 実証的証拠），③方法（a 的確な調査技法と b 適切な推論技法）——のあいだに，図 12.2のようなバランスの取れた関係が成立していることを意味している。

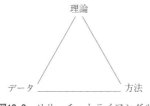

図12.2　リサーチ・トライアングル
(出典) 佐藤 (2015: 27)

　社会調査の論文では，一定の理論的根拠に基づいて仮説が立てられ，それが調査データを分析した結果を用いて検討されることを考えれば，佐藤 (2015) の指摘は，ごく当たり前のように感じられるかもしれない。しかし，理論やデータ，方法のいずれかの要件に固執した論文や，それぞれの要件がかみ合っていない論文は，想像以上に多いのが実情である (佐藤 2015: 31-40)。したがって，先行研究を検討する際には，これらのバランスや整合性に配慮したうえで，理論やデータ，分析の適切さをそれぞれ検討していく必要がある。

　以下の節では，①理論，②データ，③方法のそれぞれの要件に焦点を合わせながら，先行研究の検討を行う際のポイントを指摘していくことにしたい。

2　理論のチェック・ポイント

2.1　理論的系譜——現時点でのメイン・ストリームはどこにあるのか？

　理論の検討における第1のチェック・ポイントは，まず，現時点での主な理論の勢力関係を理解することである。先行研究では，複数の理論が取り上げられ，比較検討されたうえで，一定の優劣が付けられている。そして，そうした評価に基づいて，原著者の理論的枠組みが説明される。

　もちろん，先行研究における原著者の評価が不適切な場合もあるかもしれない。しかしながら，同じテーマを扱った別の研究者の先行研究と重ね合わせていけば，そのテーマに関するおおよその見取り図がみえてくるはずである。そして，現時点で評価の高い理論，共通理解が成立している論点，データで裏付けられた知見など，そのテーマに関するメイン・ストリーム（主流）が浮かび上がってくるだろう。

第12章　多変量解析を用いた論文を読み解くために

　このようにして，現時点でのメイン・ストリームを把握することで，どこまで研究が進んでいるのか，今後どのような方向に研究が発展していくのか，まだ手が付けられていない部分はどこかといったことが理解できるようになる。また，その理論をめぐる争点や他の理論との対立軸なども明確になるだろう。このような見取り図を描いていくことで，理論的系譜のなかで自分自身が選択する立場を説明できるようになっていく。

　逆にいえば，研究テーマについて，個人的関心を深めたり，社会的関心を広げたりしても，問題意識が膨らむばかりで，明確化にはつながりにくい。問題意識を明確化するためには，理論的系譜を借用しながら，個人的関心や社会的関心を学問的関心へと翻訳する作業が欠かせないのである。

　このようにして，一定のテーマに関する理論的系譜を摑んでいくためには，先行研究の引用文献から文献を探していく，「芋づる式」の文献収集法がうまくいく場合が多い。というのも，「芋づる式」では，取り上げられる理論にすでに一定の位置づけや評価がなされているからである。

　最初の「芋」は，学術雑誌の特集号やレビュー論文，シリーズ本，教科書などから探し当て，それらの引用文献をもとに，時間を遡って理論的系譜を押さえていくことになる。Researchmap（国立情報学研究所が運営している研究者支援サービス・研究者データベースで，閲覧・登録とも無料）などを用いて，特定の研究者や研究グループの論文を系統的に読み進めるのもよいだろう。

　もっとも，この「芋づる式」の文献収集では，最新の論文やマイナーな論文などが見逃されてしまうという欠点がある。インターネットを用いた検索方法は，こうした「芋づる式」の欠点を補ううえで，非常に有効である。論文であれば，CiNii（国立情報学研究所）や J-Stage（国立研究開発法人科学技術振興機構），Google Scholar，本や雑誌であれば，NDL ONLINE（国立国会図書館オンライン）や Google ブックス，Amazon.co.jp などを用いることで，重要な論文を見逃すことは少なくなるだろう。

2.2　反証可能性──データをもとに反証可能な仮説が導かれているかどうか?

　理論を検討する際の第2のポイントとして，その理論が，データをもとに間

167

違いを指摘できる仮説（命題）を導いているのかという点を挙げることができる。理論を検討する場合には，その体系性や汎用性，あるいは斬新さやインパクトのあるフレーズなどの要素にとかく目が向かいがちである。しかし，どんなに説得力のある理論でも，データに照らして間違いを指摘できる可能性がなければ，その理論は，占いや宗教のような非科学的な説明と変わらないことになる。

　このような考え方は，**反証可能性**と呼ばれ，近代科学の基本的な考え方の1つとなっている（Popper 1959）。社会統計学や定量的な社会調査も，この考え方にもとづいている（片瀬・阿部・髙橋 2015: 27）。この考え方からすれば，森羅万象を説明できる理論も，間違いのない完璧な理論も，必ずしも「よい理論」とはいえない。むしろ，「よい理論」に求められる条件は，反証可能性をもつことであり，そのための付帯的条件として，観察可能な予測が多いことや具体的であること，シンプルであることなどの条件も加えられる（浅野・矢内 2018）。

　したがって，先行研究で示された理論を検討する際には，その理論の間違いを示すデータが存在するのかという点を検討するとよいだろう。たとえば，「経済格差の拡大によって若者が希望を失いつつある」という命題があれば，「経済格差」と若者の「希望喪失」の時代的変化の関連を示すデータが本当にあるのかという点から検討する必要があるだろう。

　また，この「反証可能性」という考え方は，理論の検討だけでなく，調査研究のプロセス全般においても非常に大切である。というのも，調査研究においては，自分の仮説にあてはまるデータだけを収集したり，強調したりしようとする心理的傾向（確証バイアス）が非常に強力だからである。最初から自分の仮説を肯定しようとするのではなくて，逆に，自分の仮説が否定されたり，間違いが指摘されたりする可能性を検討することによって，仮説はいっそう洗練され，研究が前進していくのである。

2.3　悪のラベル——善悪に囚われ，客観的な記述や説明を見失っていないか？

　理論を検討する際の第3のポイントとして，ここでは，「悪のラベル」——善悪を強調した規範的概念——に対する注意喚起を挙げることにしたい。社会科

学の理論には，善悪の意味を含んだ規範的概念が登場することが少なくない。たとえば，「いじめ」や「児童虐待」「学力低下」「ブラック企業」などの概念を挙げることができる。これらの概念は，世の中に存在する悪や不正を非難する規範的意味合いを含んでおり，そうした社会問題を解明することが，社会科学の重要な責務であるということはいうまでもない。

　しかしその一方，これらの概念には，様々な意味内容が同時に含まれており，厳密に定義することは困難である。こうした概念の多義性に加えて，悪や不正は認知されないケース（暗数）も多いため，データの妥当性や信頼性に関する問題が生じやすいという特徴もある（片瀬・阿部・高橋 2015: 247, 本章3.2節参照）。これらのことから，悪や不正を強調した概念は，論理的根拠にもとづく概念というよりは，望ましくない事象に対して直観的に貼り付けられた「ラベル」として用いられる傾向がある。そうした「悪のラベル」をそのまま研究の主軸に据えてしまうと，論理的に議論を展開したり，客観的にデータを測定・蓄積したりすることが困難になってしまう。このことは，先行研究だけでなく官公庁などのデータに関しても当てはまる。

　たとえば，文部科学省は，1986年に，「いじめ」に関する実態調査を行うために，「いじめ」の定義を行っている。そこでは，①自分より弱い者に対して一方的に，②身体的・心理的な攻撃を継続的に加え，③相手が深刻な苦痛を感じているものであって，④学校としてその事実を確認しているもの，という4つの側面から「いじめ」が定義されていた（神林 2019: 163）。

　ところが，こうした定義では把握できない問題が生じたことから，文部科学省は，1994年と2006年の2度にわたって，「いじめ」の定義を変更している。現在では，①当該児童生徒と一定の人的関係のある他の児童生徒が行う，②心理的又は物理的な影響を与える行為（インターネットを通じて行われるものも含む）であって，③当該行為の対象となった児童生徒が心身の苦痛を感じているものが，「いじめ」と定義されている。社会的関心の変化に加えて，このような定義の変更などが要因になって，「いじめ」の認知件数は大きく変動している（神林 2019: 163）。

　「悪のラベル」に依存することのもう1つの問題は，社会問題の深刻さを強調

することと社会問題の原因を説明することとが，しばしば混同されてしまう点にある。しかし，社会問題がいかに深刻であるのかを強調しても，それだけでは，社会問題の説明や解決に結びつかない。むしろ，そうした望ましくない事象が，人々の非難や対策のための社会制度にもかかわらず，発生したり，継続したりするメカニズムを説明する必要がある。そのためには，いったん規範的意味合いを緩めて，悪や不正を行う者の視点から世界を捉え直す作業が重要になることもあるだろう。

このように「悪のラベル」を用いることは，概念的な整合性や客観的なデータの収集，因果関係の説明などの点で困難に直面することが少なくない。したがって，こうした研究テーマを取り上げる場合には，まず「悪のラベル」に含まれる多義性や曖昧さ，先入観を対象化していく必要がある。そのうえで，研究対象や研究方法を限定するなど，研究を進めるうえでの戦略的な工夫が求められることになる。

③　データのチェック・ポイント

3.1　調査データの歪曲——利害関心によってデータが歪んでいないか？

社会調査のデータに関する検討は，そのデータがどのような調査によって収集されたのかという調査方法の問題と密接に関連している。そこで，本節では，リサーチ・トライアングルの②データだけでなく，③方法（a的確な調査技法）の部分も合わせて取り上げていくことにしたい。

先行研究のデータを検討するための情報は，論文の「研究方法」を記した節において集約的に記されている。たとえば，調査企画や調査設計，対象地や対象者の基本属性，概念の操作化や主要な変数などの情報が挙げられる。これらの情報は細かい記述が多いため，しばしば読み飛ばされてしまいがちであるが，データを批判的に検討するためには欠かせないものである。ただし，これらの情報は，字数制限のある学術論文では必要最小限度まで圧縮されることも多い。したがって，より詳細な情報を得るためには，論文の元になった調査報告書を入手したほうがよい場合もある。

第12章　多変量解析を用いた論文を読み解くために

　データを検討する際の第1のポイントは，対象者の選定やサンプリング，調査項目の設定，質問文や選択肢の設定などに恣意的な偏りがないかという点である。とくに注意したいのは，仮説を支持できるように，初めから結論ありきの調査になっていないかという点である。先の述べた「反証可能性」という考え方は，ここでも重要な役割を果たすことになる。

　そうしたデータの歪みをチェックするうえで役立つのは，調査主体や対象者にみられる典型的な利害関心である。谷岡（2000）は，学者や行政機関，社会運動グループ，マスコミなどの調査主体が，それぞれの利害関心のために，容易にデータを歪曲させている現実に警鐘を鳴らしている。

　彼が歪曲の要因として指摘しているのは，①補助金や研究費，予算，スポンサーなどお金の問題，②特定の政策やイデオロギーの支持・正当化の問題，③人々の注目や評価を得ようとするセンセーショナリズム，④アリバイ作りの調査や調査発表の受け売りなど手抜きの問題，などである。こうした調査主体の利害関心によって，論文で用いられるデータが歪んでいないかを検討する必要がある。

　他方，調査データの歪曲は，対象者の利害関心に由来することもある。たとえば，近年増加しつつあるオンライン調査のモニタでは，設問文や選択肢を読み飛ばしている者が過半数を超えていると推測されている（三浦・小林 2015）。このような手抜き回答は，サティスファイスと呼ばれ，対象者が，報酬ポイントなどの目的を達成するために，必要最小限を満たす手順を決定し，追求している行動であると考えられている。したがって，オンライン調査のデータを用いている場合には，トラップ設問や回答時間の確認などのサティスファイスの対策が取られているかどうかも検討したほうがよいだろう。

3.2　尺度の妥当性と信頼性——モノサシは適切で，安定しているのか？

　調査データに関する第2のチェック・ポイントは，尺度の妥当性と信頼性である。分析に使用するデータは，測定すべき対象について適切な種類のモノサシを当てて，精確に測定することで得られたものが望ましい。しかし，これは決して容易なことではない。というのも，人間社会においては，測定すべきこ

171

とと測定しやすいこととの間に，しばしば大きなギャップが存在するからである。そのため，理論的命題を構成している個々の概念を定義し，測定可能な変数へと操作化するプロセスにおいて，誇張や歪曲が生じてしまう。とりわけ，抽象的な概念と実際に行われた設問文のズレや捻れには，十分に注意する必要がある。

　たとえば，論文で「学歴が高いほど生活水準が高い」という命題が検討されている場合，「学歴」の概念がどのようなかたちで定義され，操作化されたのかに注意しなければならない。調査票において測定された変数が，「最終学歴（タテの学歴：中卒，高卒，大卒など最後に卒業した学校段階）」なのか，「学校ランク」（ヨコの学歴：入学偏差値や学校の威信）なのか，あるいは「教育年数」なのかによって，「学歴」概念のもつ実質的意味合いは大きく変わってしまうからである。従属変数である「生活水準」の概念に関しても同様に，測定された変数が具体的に何であり，それが「生活水準」の概念の指標として適切かどうか，検討しなければならない。

　このような検討を行うことは，社会調査や心理テストなどの測定において，**妥当性**の問題と呼ばれ，大きく3つに分類される（安藤・村田・沼崎 2017; 林・山岡 2002）。「学歴」や「生活水準」の例のように，概念の内容が調査票やテストによって適切に測られているかどうかは，「内容的妥当性」と呼ばれる。これに対して，概念間の論理的なつながりから，測定された変数と他の外的基準の関連を予測できる場合には，それらの相関係数という点から，「基準関連妥当性」が検討される。このほか，理論的に導かれる構成概念（たとえば「自尊心」や「権威主義的態度」など）については，理論的に仮定される複数の特徴が，因子分析での下位次元などのかたちで測定結果に反映されているかどうか，構成概念妥当性の検討を行うこともある。

　他方，測定された変数が，どれだけ正確で一貫性をもっているのかという問題は，**信頼性**の問題と呼ばれる（安藤・村田・沼崎 2017; 林・山岡 2002）。社会調査データの場合は，心理テストとは異なり，対象者に同一質問を繰り返して回答の正確さを検討することはほとんどない。しかし，類似した質問に対する回答の一貫性（クロンバックの α が0.8を超えているか）を検討したり，別の調査結果

における同様の質問への回答と比較したりするなどして，信頼性の検討を行うことができる。

3.3 データ・アーカイブ——個票データを利用して分析結果を再現できるか？

近年，多変量解析を用いた論文のなかには，自分で収集したデータではなく，データ・アーカイブを利用した2次分析の論文がみられるようになってきた。そこで，調査データについての第3のチェック・ポイントとして，データ・アーカイブ利用の問題を取り上げることにしたい。

社会調査の**データ・アーカイブ**とは，従来，調査機関や研究者個人が保管していた社会調査の個票データやコードブックなどを，収集・整理したうえで，保存・管理し，他の研究者や一般に向けて提供するという仕組みを指している。このような仕組みによって，以前になされた古い社会調査データの散逸を防ぐことができるだけでなく，論文で発表された分析結果について別の研究者が追試を行ったり，新しい観点や分析法を用いて個票データを分析し直したりすることができる。

このほかにも，データ・アーカイブの利用には，次のような利点が挙げられるだろう（佐藤・間淵 2002）。第1に，社会調査に伴う膨大なコスト（経費・人員・時間）を大幅に節約できる点が挙げられる。第2に，個人では実施困難な全国調査や国際比較調査などをもとにしたマクロなデータを利用することができる。第3に，継続的調査やパネル調査のデータを用いることで，時系列分析を行うことができる。第4に，論文に使用したデータを公開することで，自らの知見の再現可能性を担保することができる。第5に，自分で調査を企画する際，類似した設問文の回答傾向をもとに調査票作成の参考にできる。

これから卒業論文を執筆する学部学生からみても，継続的に行われている全国調査の個票データを利用できる点は，大きなメリットであろう。日本社会や社会意識の時代的変化に関して，実証的な検討をするには，こうした時系列的データが不可欠である。東京大学社会科学研究所のSSJDAの場合，指導教員が申請すれば，学部学生でも，大規模調査のデータを利用することができる。たとえば，本書で取り上げている第7回「青少年の性行動全国調査」（日本性教育

協会）以外にも，『SSM 調査』（SSM 調査管理委員会），『日本版 General Social Surveys』（大阪商業大学），『日本人の意識調査』（NHK 放送文化研究所世論調査部）など，日本を代表する社会調査について，個票データを利用することができる。

　先行研究において，こうしたアーカイブからのデータが用いられていた場合，前節で挙げたデータの歪曲や妥当性と信頼性の問題は，個票データにもとづいてより厳しくチェックすることができる。しかしながら，個票データを利用すれば，先行研究の知見をいつも再現できるかといえば，必ずしもそうとは限らない。先行研究で用いられたデータとアーカイブの個票データでは，変数ラベルや欠損値の処理，合成変数の作成手続きなどで違いが生じ，結果が再現できないという報告がなされている（板倉・尾﨑 2002）。データ・アーカイブの利用によって，細かいデータ処理のプロセスが見失われているのである。

　それだけでなく，対象地の雰囲気や対象者からの反応などから感じられる社会調査の「現場感覚」というべきものもまた，失われていることに注意しなければならない。データ・アーカイブを利用すると，あたかもアームチェア・ディテクティブのように，自分の労力や時間を割くことなく，他人が作ったデータを分析することになる。まったく異なった時空間からデータにアクセスすることで見えてくるものもある一方で，同時代人としてのコンテクストが失われ，分析結果の解釈に大きな齟齬が生じてしまう危険性もある。2 次分析の論文を検討する際には，こうした点にも注意したい。

4　方法のチェック・ポイント

4.1　分析法の選択——多変量解析が適切に使い分けられているか？

　多変量解析を用いた論文において，③方法（b 適切な推論技法）を検討する際の最初のポイントは，仮説やモデルに適した多変量解析が選択されているのかという点である。

　選択の基準となるのは，主として，次の 3 点である。

（1）2 変数間の分析か，多変量解析か。

（2）分析の目的

第12章　多変量解析を用いた論文を読み解くために

　①因果分析：独立変数と従属変数の区別がある。

　②構造分析：両者を区別せず，変数間の関係や構造をみる。

（3）独立変数と従属変数の性質

　①離散変数か。

　②連続変数か。

　まず（1）は，仮説で取り上げる変数の数の問題である。仮説の検討が2つの変数だけでできれば，多変量解析は不要である。

　次に（2）の分析目的については，①因果分析，すなわち独立変数と従属変数を設定して，原因と結果に関する仮説の検定を行ったり，仮説をもとにモデルを設定し，その適合度を調べる場合と，②構造分析，すなわち変数間の因果関係を仮定せず，変数間の相関や距離によって，潜在因子を発見したり，対象者の分類をする場合の，2通りに区別される。

　最後に（3）の変数の性質に関しては，従属変数と独立変数の組み合わせは，$2 \times 2 = 4$で4通りの場合がある。すなわち，①従属変数が離散変数—独立変数も離散変数，②従属変数が離散変数—独立変数が連続変数，③従属変数が連続変数—独立変数が離散変数，④従属変数が連続変数—独立変数も連続変数の4通りである。因子分析の場合には，独立変数と従属変数の区別がないので，2通りになる。

　表12.1は，この3つの選択基準をもとに，これまで学んできた統計分析を，分類したものである。SPSSなどの統計ソフトもEXCELなどの表計算ソフトも，多変量解析やその出力を自動的に選択してくれるわけではない。先行研究を検討する際にも，自分で分析を行う際にも，3つの選択基準は常に注意してこの表も参照してほしい。

4.2　共分散構造分析——潜在変数も使える自由度の高いパス解析

　多変量解析の発展は日進月歩であり，本書で扱っていない多変量解析が先行研究のなかに登場することも少なくないだろう。分析の第2のポイントは，そうした新しい多変量解析への対応の仕方である。新しい多変量解析は，これま

175

表12.1 分析手法の使い分け

目 的	従属変数の種別	独立変数の種別	2変数間の関係	3変数以上の関係（多変量解析）
独立変数と従属変数の区別あり（因果分析）	離散変数	離散変数	クロス表分析 （カイ二乗検定*⁺，関連係数*⁺，オッズ比*）	ログリニア分析*，数量化Ⅱ類
	離散変数	連続変数		二項ロジスティック回帰分析*，多項ロジスティック回帰分析*，順序ロジスティック回帰分析*，判別分析，プロビット分析
	連続変数	離散変数	t検定⁺，分散分析⁺	数量化Ⅰ類 重回帰分析におけるダミー変数の利用*
	連続変数	連続変数	相関分析⁺，回帰分析⁺	重回帰分析*，パス解析*，共分散構造分析
	連続変数	混 在		共分散分析，生存時間分析
独立変数と従属変数の区別なし（構造分析）	離散変数			数量化Ⅲ類，対応分析*，多次元尺度構成
	連続変数			主成分分析*，因子分析*，クラスター分析

(注) ＊：本書で取り上げた分析，⁺：片瀬・阿部・高橋（2015）で取り上げた分析。

で学んできた多変量解析の限界を乗り越えるために開発されており，その基本コンセプトや提案されたモデルを理解することは決して難しいことではない。そこで本節と次節では，論文などで使用される頻度の高い，**共分散構造分析（SEM）**と**マルチレベル分析**を取り上げ，パス解析や因子分析，重回帰分析などの応用版として，それぞれ説明することしたい。

　1つ目の，共分散構造分析は，複数の変数間の因果関係を1つのモデルとして検証できる統計手法であり，**構造方程式モデリング**（Structural Equation Modeling：SEM）とも呼ばれる。この分析法には非常に多くの利用方法が存在するが，ここでは，これまでの学習内容との関連から，以下のような特徴を指摘しておくことにしたい。

　第一に，共分散構造分析は，パス解析と同様に，複雑な変数間の因果関係を1つの因果モデルとして図示できるという特徴がある。ただし，共分散構造分

析では，独立変数間に共変関係を仮定したり，双方向の因果関係を仮定したりするなど，パス解析に比べてより自由にモデルを作ることができる。また，因果モデル全体がデータにどの程度当てはまっているか，適合度指標を用いて多面的に評価できる。

第二に，共分散構造分析では，観測変数だけでなく，直接測定されていない潜在変数を用いることができる。潜在変数とは，複数の観測変数から推定されるものであり，本書第5章で学んだ因子分析の因子にあたる。共分散構造分析のパス図では，観測変数が長方形で表示されるのに対して，潜在変数は楕円形で表示される。このようにして共分散構造分析では，パス解析に因子分析を組み込んだ形のモデルを検討することができる。パーソナリティ特性や共感能力といった心理学的な構成概念をモデルに組み込んで検討する場合に，用いられることが多い。

第三に，共分散構造分析は多母集団分析に用いることができる点でも特徴的である。変数間の関連性が性別や地域などの集団ごとに異なる場合，これまで学んだ重回帰分析や因子分析などでは，集団別のデータについて分析を行うほかになかった。しかし，このような集団別の分析では，モデル全体がそれぞれのデータにどの程度当てはまっているのかを評価することが難しい。それに比べ，多母集団分析においては，標本が複数の母集団から抽出されていることを仮定して，それぞれの母集団に同一モデルが適用できるか否かを明確にできる。

4.3 マルチレベル分析——集団ごとに切片と傾きが異なる重回帰分析

もう一つの，マルチレベル分析とは，階層的データを取り扱うための分析手法であり，階層線形モデルや混合効果モデルとも呼ばれる。この階層的データとは，地域や学校ごとにサンプリングされたデータのように，個人レベルのデータが，地域や学校などの上位レベルの集団に組み込まれている（ネストされている）ものを指している。

この階層的データについて，分散分析や回帰分析を行うことは，大きく2つの問題がある（清水 2014）。1つは，統計学的な方法論の大前提である標本の独立性という条件が，実は満たされていないという問題である。もう1つの問題

は，階層的データの場合，相関係数や平均の差を求めても，それが個人単位の効果なのか集団単位の効果なのか，区別できないという問題がある。たとえば，各集団内部（個人レベル）では X と Y の間に正の相関があるにもかかわらず，集団間（集団レベル）では $\bar{X}$ と $\bar{Y}$ の間に負の相関がみられるような場合もある。

　これらの問題に対処するため，マルチレベル分析では，本書第4章で学んだ重回帰分析に3つの点で修正を加えている。第1に，マルチレベル分析では，従属変数の分散を集団レベルの分散と個人レベルの分散に分けて考える。このことは，集団ごとに異なった切片（ランダム切片）を求めることを意味する。第2に，マルチレベル分析では，係数についても集団ごとに異なった値（ランダム係数）を求めていく。重回帰分析の係数は，独立変数ごとに常に固定されていたが，マルチレベル分析においては，集団ごとに変化する係数と，固定された係数を独立変数ごとに別々に割り当てることができる。

　そして第3に，マルチレベル分析では，集団ごとに変化する切片や係数を従属変数とし，集団レベルの独立変数を用いて説明している。すなわち，重回帰分析の切片や係数について，さらに上位レベルでの重回帰分析を重ねていくのである。そうすることで，なぜ集団ごとに切片や係数が異なるのか，集団レベルで説明を行うことができる。このようにして，個人レベルと集団レベルの間の重層的関係を明確にできるのがマルチレベル分析の利点である。

　このようにして，これまで学んだ多変量解析の知識を応用すれば，新しい多変量解析の理解へとつなげることができる。そのようにして多変量解析への理解を進めていくことで，より的確で深い分析が可能になっていく。

⑤　まとめ
――社会学的想像力のツールとしての多変量解析――

　本書では，ふだんは見えない社会のメカニズムを可視化する「魔法」として，代表的な多変量解析について学習を進めてきた。変数間の複雑な関係を明らかにする多変量解析は，通常の人間の情報処理能力の限界を大きく超えているという意味において，まさに「魔法」にほかならない。だからこそ，それが通常

第12章　多変量解析を用いた論文を読み解くために

の人間（読者）を騙すためのトリックにならないように，本章では，リサーチ・トライアングルの観点から，論文のチェック・ポイントを指摘してきた。このようにして「タネも仕掛けもない」ことを点検することで，多変量解析による知見は，新しい社会認識として承認されていくことになる。

　かつて，社会学者の W. ミルズは，個々人の生活と社会構造との間のつながりを見出す力を**社会学的想像力**と呼び，「個人の生も，社会の歴史も，そのどちらも熟知していなければ，それぞれを理解することはできない」と主張した（Mills［1959］2017）。個々人が抱えこんでいる不安や苦悩を，歴史的変動や制度的矛盾といった観点から捉え直したり，また個々人の生活パターンと世界史の流れとの間に複雑なつながりを見出したりすることが，社会学の役割であり，生活の改善をもたらす力になると考えていた。

　本書で学んできた多変量解析は，こうした社会学的想像力のための強力なツールであるといえよう。ミルズが生きた時代には，「想像力」としてしか語りえなかった個人と社会の複雑な関係を，私たちは仮説として位置づけ，重回帰分析やパス解析などの多変量解析によって，その真偽を自らの手で検討することができるようになってきた。さらに，こうしたツールを使いこなすことで，私たちは，既成の説明枠組みを離れて，新たな観点から，より的確な社会認識や自己洞察を手にすることができると考えられる。

付表A‐1　F分布表：F検定での主な限界値（片側検定の有意水準 $\alpha = 0.05$）

ν_2 \ ν_1	1	2	3	4	5	6	7	8	9	10	11
1	161.45	199.50	215.71	224.58	230.16	233.99	236.77	238.88	240.54	241.88	242.98
2	18.51	19.00	19.16	19.25	19.30	19.33	19.35	19.37	19.38	19.40	19.40
3	10.13	9.55	9.28	9.12	9.01	8.94	8.89	8.85	8.81	8.79	8.76
4	7.71	6.94	6.59	6.39	6.26	6.16	6.09	6.04	6.00	5.96	5.94
5	6.61	5.79	5.41	5.19	5.05	4.95	4.88	4.82	4.77	4.74	4.70
6	5.99	5.14	4.76	4.53	4.39	4.28	4.21	4.15	4.10	4.06	4.03
7	5.59	4.74	4.35	4.12	3.97	3.87	3.79	3.73	3.68	3.64	3.60
8	5.32	4.46	4.07	3.84	3.69	3.58	3.50	3.44	3.39	3.35	3.31
9	5.12	4.26	3.86	3.63	3.48	3.37	3.29	3.23	3.18	3.14	3.10
10	4.96	4.10	3.71	3.48	3.33	3.22	3.14	3.07	3.02	2.98	2.94
11	4.84	3.98	3.59	3.36	3.20	3.09	3.01	2.95	2.90	2.85	2.82
12	4.75	3.89	3.49	3.26	3.11	3.00	2.91	2.85	2.80	2.75	2.72
13	4.67	3.81	3.41	3.18	3.03	2.92	2.83	2.77	2.71	2.67	2.63
14	4.60	3.74	3.34	3.11	2.96	2.85	2.76	2.70	2.65	2.60	2.57
15	4.54	3.68	3.29	3.06	2.90	2.79	2.71	2.64	2.59	2.54	2.51
16	4.49	3.63	3.24	3.01	2.85	2.74	2.66	2.59	2.54	2.49	2.46
17	4.45	3.59	3.20	2.96	2.81	2.70	2.61	2.55	2.49	2.45	2.41
18	4.41	3.55	3.16	2.93	2.77	2.66	2.58	2.51	2.46	2.41	2.37
19	4.38	3.52	3.13	2.90	2.74	2.63	2.54	2.48	2.42	2.38	2.34
20	4.35	3.49	3.10	2.87	2.71	2.60	2.51	2.45	2.39	2.35	2.31
21	4.32	3.47	3.07	2.84	2.68	2.57	2.49	2.42	2.37	2.32	2.28
22	4.30	3.44	3.05	2.82	2.66	2.55	2.46	2.40	2.34	2.30	2.26
23	4.28	3.42	3.03	2.80	2.64	2.53	2.44	2.37	2.32	2.27	2.24
24	4.26	3.40	3.01	2.78	2.62	2.51	2.42	2.36	2.30	2.25	2.22
25	4.24	3.39	2.99	2.76	2.60	2.49	2.40	2.34	2.28	2.24	2.20
30	4.17	3.32	2.92	2.69	2.53	2.42	2.33	2.27	2.21	2.16	2.13
40	4.08	3.23	2.84	2.61	2.45	2.34	2.25	2.18	2.12	2.08	2.04
50	4.03	3.18	2.79	2.56	2.40	2.29	2.20	2.13	2.07	2.03	1.99
60	4.00	3.15	2.76	2.53	2.37	2.25	2.17	2.10	2.04	1.99	1.95
70	3.98	3.13	2.74	2.50	2.35	2.23	2.14	2.07	2.02	1.97	1.93
80	3.96	3.11	2.72	2.49	2.33	2.21	2.13	2.06	2.00	1.95	1.91
90	3.95	3.10	2.71	2.47	2.32	2.20	2.11	2.04	1.99	1.94	1.90
100	3.94	3.09	2.70	2.46	2.31	2.19	2.10	2.03	1.97	1.93	1.89
120	3.92	3.07	2.68	2.45	2.29	2.18	2.09	2.02	1.96	1.91	1.87
10000	3.84	3.00	2.61	2.37	2.21	2.10	2.01	1.94	1.88	1.83	1.79

（出典）岩永雅也・大塚雄作・高橋一男，2001，『社会調査の基礎 改訂版』放送大学教育振興会

付　表

(v_1, v_2：それぞれ分子，分母の自由度)

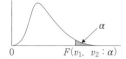

12	14	16	18	20	25	30	50	100	200	10000
243.91	245.36	246.46	247.32	248.01	249.26	250.10	251.77	253.04	253.68	254.30
19.41	19.42	19.43	19.44	19.45	19.46	19.46	19.48	19.49	19.49	19.50
8.74	8.71	8.69	8.67	8.66	8.63	8.62	8.58	8.55	8.54	8.53
5.91	5.87	5.84	5.82	5.80	5.77	5.75	5.70	5.66	5.65	5.63
4.68	4.64	4.60	4.58	4.56	4.52	4.50	4.44	4.41	4.39	4.37
4.00	3.96	3.92	3.90	3.87	3.83	3.81	3.75	3.71	3.69	3.67
3.57	3.53	3.49	3.47	3.44	3.40	3.38	3.32	3.27	3.25	3.23
3.28	3.24	3.20	3.17	3.15	3.11	3.08	3.02	2.97	2.95	2.93
3.07	3.03	2.99	2.96	2.94	2.89	2.86	2.80	2.76	2.73	2.71
2.91	2.86	2.83	2.80	2.77	2.73	2.70	2.64	2.59	2.56	2.54
2.79	2.74	2.70	2.67	2.65	2.60	2.57	2.51	2.46	2.43	2.41
2.69	2.64	2.60	2.57	2.54	2.50	2.47	2.40	2.35	2.32	2.30
2.60	2.55	2.51	2.48	2.46	2.41	2.38	2.31	2.26	2.23	2.21
2.53	2.48	2.44	2.41	2.39	2.34	2.31	2.24	2.19	2.16	2.13
2.48	2.42	2.38	2.35	2.33	2.28	2.25	2.18	2.12	2.10	2.07
2.42	2.37	2.33	2.30	2.28	2.23	2.19	2.12	2.07	2.04	2.01
2.38	2.33	2.29	2.26	2.23	2.18	2.15	2.08	2.02	1.99	1.96
2.34	2.29	2.25	2.22	2.19	2.14	2.11	2.04	1.98	1.95	1.92
2.31	2.26	2.21	2.18	2.16	2.11	2.07	2.00	1.94	1.91	1.88
2.28	2.22	2.18	2.15	2.12	2.07	2.04	1.97	1.91	1.88	1.84
2.25	2.20	2.16	2.12	2.10	2.05	2.01	1.94	1.88	1.84	1.81
2.23	2.17	2.13	2.10	2.07	2.02	1.98	1.91	1.85	1.82	1.78
2.20	2.15	2.11	2.08	2.05	2.00	1.96	1.88	1.82	1.79	1.76
2.18	2.13	2.09	2.05	2.03	1.97	1.94	1.86	1.80	1.77	1.73
2.16	2.11	2.07	2.04	2.01	1.96	1.92	1.84	1.78	1.75	1.71
2.09	2.04	1.99	1.96	1.93	1.88	1.84	1.76	1.70	1.66	1.62
2.00	1.95	1.90	1.87	1.84	1.78	1.74	1.66	1.59	1.55	1.51
1.95	1.89	1.85	1.81	1.78	1.73	1.69	1.60	1.52	1.48	1.44
1.92	1.86	1.82	1.78	1.75	1.69	1.65	1.56	1.48	1.44	1.39
1.89	1.84	1.79	1.75	1.72	1.66	1.62	1.53	1.45	1.40	1.35
1.88	1.82	1.77	1.73	1.70	1.64	1.60	1.51	1.43	1.38	1.33
1.86	1.80	1.76	1.72	1.69	1.63	1.59	1.49	1.41	1.36	1.30
1.85	1.79	1.75	1.71	1.68	1.62	1.57	1.48	1.39	1.34	1.28
1.83	1.78	1.73	1.69	1.66	1.60	1.55	1.46	1.37	1.32	1.26
1.75	1.69	1.64	1.60	1.57	1.51	1.46	1.35	1.25	1.17	1.03

の数表4-1をもとに作成したもの。

付表A−2 *F*分布表：*F*検定での主な限界値（片側検定の有意水準 $\alpha = 0.01$）

ν_2 \ ν_1	1	2	3	4	5	6	7	8	9	10	11
1	4052.18	4999.50	5403.35	5624.58	5763.65	5858.99	5928.36	5981.07	6022.47	6055.85	6083.32
2	98.50	99.00	99.17	99.25	99.30	99.33	99.36	99.37	99.39	99.40	99.41
3	34.12	30.82	29.46	28.71	28.24	27.91	27.67	27.49	27.35	27.23	27.13
4	21.20	18.00	16.69	15.98	15.52	15.21	14.98	14.80	14.66	14.55	14.45
5	16.26	13.27	12.06	11.39	10.97	10.67	10.46	10.29	10.16	10.05	9.96
6	13.75	10.92	9.78	9.15	8.75	8.47	8.26	8.10	7.98	7.87	7.79
7	12.25	9.55	8.45	7.85	7.46	7.19	6.99	6.84	6.72	6.62	6.54
8	11.26	8.65	7.59	7.01	6.63	6.37	6.18	6.03	5.91	5.81	5.73
9	10.56	8.02	6.99	6.42	6.06	5.80	5.61	5.47	5.35	5.26	5.18
10	10.04	7.56	6.55	5.99	5.64	5.39	5.20	5.06	4.94	4.85	4.77
11	9.65	7.21	6.22	5.67	5.32	5.07	4.89	4.74	4.63	4.54	4.46
12	9.33	6.93	5.95	5.41	5.06	4.82	4.64	4.50	4.39	4.30	4.22
13	9.07	6.70	5.74	5.21	4.86	4.62	4.44	4.30	4.19	4.10	4.02
14	8.86	6.51	5.56	5.04	4.69	4.46	4.28	4.14	4.03	3.94	3.86
15	8.68	6.36	5.42	4.89	4.56	4.32	4.14	4.00	3.89	3.80	3.73
16	8.53	6.23	5.29	4.77	4.44	4.20	4.03	3.89	3.78	3.69	3.62
17	8.40	6.11	5.18	4.67	4.34	4.10	3.93	3.79	3.68	3.59	3.52
18	8.29	6.01	5.09	4.58	4.25	4.01	3.84	3.71	3.60	3.51	3.43
19	8.18	5.93	5.01	4.50	4.17	3.94	3.77	3.63	3.52	3.43	3.36
20	8.10	5.85	4.94	4.43	4.10	3.87	3.70	3.56	3.46	3.37	3.29
21	8.02	5.78	4.87	4.37	4.04	3.81	3.64	3.51	3.40	3.31	3.24
22	7.95	5.72	4.82	4.31	3.99	3.76	3.59	3.45	3.35	3.26	3.18
23	7.88	5.66	4.76	4.26	3.94	3.71	3.54	3.41	3.30	3.21	3.14
24	7.82	5.61	4.72	4.22	3.90	3.67	3.50	3.36	3.26	3.17	3.09
25	7.77	5.57	4.68	4.18	3.85	3.63	3.46	3.32	3.22	3.13	3.06
30	7.56	5.39	4.51	4.02	3.70	3.47	3.30	3.17	3.07	2.98	2.91
40	7.31	5.18	4.31	3.83	3.51	3.29	3.12	2.99	2.89	2.80	2.73
50	7.17	5.06	4.20	3.72	3.41	3.19	3.02	2.89	2.78	2.70	2.63
60	7.08	4.98	4.13	3.65	3.34	3.12	2.95	2.82	2.72	2.63	2.56
70	7.01	4.92	4.07	3.60	3.29	3.07	2.91	2.78	2.67	2.59	2.51
80	6.96	4.88	4.04	3.56	3.26	3.04	2.87	2.74	2.64	2.55	2.48
90	6.93	4.85	4.01	3.53	3.23	3.01	2.84	2.72	2.61	2.52	2.45
100	6.90	4.82	3.98	3.51	3.21	2.99	2.82	2.69	2.59	2.50	2.43
120	6.85	4.79	3.95	3.48	3.17	2.96	2.79	2.66	2.56	2.47	2.40
10000	6.64	4.61	3.78	3.32	3.02	2.80	2.64	2.51	2.41	2.32	2.25

（出典）岩永雅也・大塚雄作・高橋一男，2001，『社会調査の基礎 改訂版』放送大学教育振興会の数表4-3

(v_1, v_2：それぞれ分子，分母の自由度)

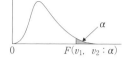

12	14	16	18	20	25	30	50	100	200	10000
6106.32	6142.67	6170.10	6191.53	6208.73	6239.83	6260.65	6302.52	6334.11	6349.97	6365.55
99.42	99.43	99.44	99.44	99.45	99.46	99.47	99.48	99.49	99.49	99.50
27.05	26.92	26.83	26.75	26.69	26.58	26.50	26.35	26.24	26.18	26.13
14.37	14.25	14.15	14.08	14.02	13.91	13.84	13.69	13.58	13.52	13.46
9.89	9.77	9.68	9.61	9.55	9.45	9.38	9.24	9.13	9.08	9.02
7.72	7.60	7.52	7.45	7.40	7.30	7.23	7.09	6.99	6.93	6.88
6.47	6.36	6.28	6.21	6.16	6.06	5.99	5.86	5.75	5.70	5.65
5.67	5.56	5.48	5.41	5.36	5.26	5.20	5.07	4.96	4.91	4.86
5.11	5.01	4.92	4.86	4.81	4.71	4.65	4.52	4.41	4.36	4.31
4.71	4.60	4.52	4.46	4.41	4.31	4.25	4.12	4.01	3.96	3.91
4.40	4.29	4.21	4.15	4.10	4.01	3.94	3.81	3.71	3.66	3.60
4.16	4.05	3.97	3.91	3.86	3.76	3.70	3.57	3.47	3.41	3.36
3.96	3.86	3.78	3.72	3.66	3.57	3.51	3.38	3.27	3.22	3.17
3.80	3.70	3.62	3.56	3.51	3.41	3.35	3.22	3.11	3.06	3.01
3.67	3.56	3.49	3.42	3.37	3.28	3.21	3.08	2.98	2.92	2.87
3.55	3.45	3.37	3.31	3.26	3.16	3.10	2.97	2.86	2.81	2.75
3.46	3.35	3.27	3.21	3.16	3.07	3.00	2.87	2.76	2.71	2.65
3.37	3.27	3.19	3.13	3.08	2.98	2.92	2.78	2.68	2.62	2.57
3.30	3.19	3.12	3.05	3.00	2.91	2.84	2.71	2.60	2.55	2.49
3.23	3.13	3.05	2.99	2.94	2.84	2.78	2.64	2.54	2.48	2.42
3.17	3.07	2.99	2.93	2.88	2.79	2.72	2.58	2.48	2.42	2.36
3.12	3.02	2.94	2.88	2.83	2.73	2.67	2.53	2.42	2.36	2.31
3.07	2.97	2.89	2.83	2.78	2.69	2.62	2.48	2.37	2.32	2.26
3.03	2.93	2.85	2.79	2.74	2.64	2.58	2.44	2.33	2.27	2.21
2.99	2.89	2.81	2.75	2.70	2.60	2.54	2.40	2.29	2.23	2.17
2.84	2.74	2.66	2.60	2.55	2.45	2.39	2.25	2.13	2.07	2.01
2.66	2.56	2.48	2.42	2.37	2.27	2.20	2.06	1.94	1.87	1.81
2.56	2.46	2.38	2.32	2.27	2.17	2.10	1.95	1.82	1.76	1.68
2.50	2.39	2.31	2.25	2.20	2.10	2.03	1.88	1.75	1.68	1.60
2.45	2.35	2.27	2.20	2.15	2.05	1.98	1.83	1.70	1.62	1.54
2.42	2.31	2.23	2.17	2.12	2.01	1.94	1.79	1.65	1.58	1.50
2.39	2.29	2.21	2.14	2.09	1.99	1.92	1.76	1.62	1.55	1.46
2.37	2.27	2.19	2.12	2.07	1.97	1.89	1.74	1.60	1.52	1.43
2.34	2.23	2.15	2.09	2.03	1.93	1.86	1.70	1.56	1.48	1.38
2.19	2.08	2.00	1.94	1.88	1.77	1.70	1.53	1.36	1.25	1.05

をもとに作成したもの。

付表B　　カイ二乗分布表：カイ二乗検定での主な限界値

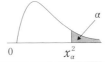

自由度 (df)	有意水準 (α) 0.10	0.05	0.01
1	2.706	3.841	6.635
2	4.605	5.991	9.210
3	6.251	7.815	11.345
4	7.779	9.488	13.277
5	9.236	11.070	15.086
6	10.645	12.592	16.812
7	12.017	14.067	18.475
8	13.362	15.507	20.090
9	14.684	16.919	21.666
10	15.987	18.307	23.209
11	17.275	19.675	24.725
12	18.549	21.026	26.217
13	19.812	22.362	27.688
14	21.064	23.685	29.141
15	22.307	24.996	30.578
16	23.542	26.296	32.000
17	24.769	27.587	33.409
18	25.989	28.869	34.805
19	27.204	30.144	36.191
20	28.412	31.410	37.566
21	29.615	32.671	38.932
22	30.813	33.924	40.289
23	32.007	35.172	41.638
24	33.196	36.415	42.980
25	34.382	37.652	44.314
26	35.563	38.885	45.642
27	36.741	40.113	46.963
28	37.916	41.337	48.278
29	39.087	42.557	49.588
30	40.256	43.773	50.892
40	51.805	55.758	63.691
50	63.167	67.505	76.154
60	74.397	79.082	88.379
70	85.527	90.531	100.425
80	96.578	101.879	112.329
100	118.498	124.342	135.807

（出典）岩永雅也・大塚雄作・高橋一男，2001，『社会調査の基礎 改訂版』放送大学教育振興会の数表3をもとに作成したもの。

付　表

付表C　正規分布表：標準正規分布において0から z の間の値が生起する確率（面積： p ）

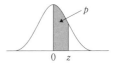

z	.00	.01	.02	.03	.04	.05	.06	.07	.08	.09
0.0	.0000	.0040	.0080	.0120	.0160	.0199	.0239	.0279	.0319	.0359
0.1	.0398	.0438	.0478	.0517	.0557	.0596	.0636	.0675	.0714	.0753
0.2	.0793	.0832	.0871	.0910	.0948	.0987	.1026	.1064	.1103	.1141
0.3	.1179	.1217	.1255	.1293	.1331	.1368	.1406	.1443	.1480	.1517
0.4	.1554	.1591	.1628	.1664	.1700	.1736	.1772	.1808	.1844	.1879
0.5	.1915	.1950	.1985	.2019	.2054	.2088	.2123	.2157	.2190	.2224
0.6	.2257	.2291	.2324	.2357	.2389	.2422	.2454	.2486	.2517	.2549
0.7	.2580	.2611	.2642	.2673	.2704	.2734	.2764	.2794	.2823	.2852
0.8	.2881	.2910	.2939	.2967	.2995	.3023	.3051	.3078	.3106	.3133
0.9	.3159	.3186	.3212	.3238	.3264	.3289	.3315	.3340	.3365	.3389
1.0	.3413	.3438	.3461	.3485	.3508	.3531	.3554	.3577	.3599	.3621
1.1	.3643	.3665	.3686	.3708	.3729	.3749	.3770	.3790	.3810	.3830
1.2	.3849	.3869	.3888	.3907	.3925	.3944	.3962	.3980	.3997	.4015
1.3	.4032	.4049	.4066	.4082	.4099	.4115	.4131	.4147	.4162	.4177
1.4	.4192	.4207	.4222	.4236	.4251	.4265	.4279	.4292	.4306	.4319
1.5	.4332	.4345	.4357	.4370	.4382	.4394	.4406	.4418	.4429	.4441
1.6	.4452	.4463	.4474	.4484	.4495	.4505	.4515	.4525	.4535	.4545
1.7	.4554	.4564	.4573	.4582	.4591	.4599	.4608	.4616	.4625	.4633
1.8	.4641	.4649	.4656	.4664	.4671	.4678	.4686	.4693	.4699	.4706
1.9	.4713	.4719	.4726	.4732	.4738	.4744	.4750	.4756	.4761	.4767
2.0	.4772	.4778	.4783	.4788	.4793	.4798	.4803	.4808	.4812	.4817
2.1	.4821	.4826	.4830	.4834	.4838	.4842	.4846	.4850	.4854	.4857
2.2	.4861	.4864	.4868	.4871	.4875	.4878	.4881	.4884	.4887	.4890
2.3	.4893	.4896	.4898	.4901	.4904	.4906	.4909	.4911	.4913	.4916
2.4	.4918	.4920	.4922	.4925	.4927	.4929	.4931	.4932	.4934	.4936
2.5	.4938	.4940	.4941	.4943	.4945	.4946	.4948	.4949	.4951	.4952
2.6	.4953	.4955	.4956	.4957	.4959	.4960	.4691	.4962	.4963	.4964
2.7	.4965	.4966	.4967	.4968	.4969	.4970	.4971	.4972	.4973	.4974
2.8	.4974	.4975	.4976	.4977	.4977	.4978	.4979	.4979	.4980	.4981
2.9	.4981	.4982	.4982	.4983	.4984	.4984	.4985	.4985	.4986	.4986
3.0	.4987	.4987	.4987	.4988	.4988	.4989	.4989	.4989	.4990	.4990

（出典）岩永雅也・大塚雄作・高橋一男，2001，『社会調査の基礎　改訂版』放送大学教育振興会の数表1をもとに作成したもの。

付表D t分布表：t検定での主な限界値

A. 両側検定

B. 片側検定

自由度	両側検定 片側検定	0.20 0.10	0.10 0.05	0.05 0.025	0.02 0.01	0.010 0.005
1		3.078	6.314	12.706	31.821	63.657
2		1.886	2.920	4.303	6.965	9.925
3		1.638	2.353	3.182	4.541	5.841
4		1.533	2.132	2.776	3.747	4.604
5		1.476	2.015	2.571	3.365	4.032
6		1.440	1.943	2.447	3.143	3.707
7		1.415	1.895	2.365	2.998	3.499
8		1.397	1.860	2.306	2.896	3.355
9		1.383	1.833	2.262	2.821	3.250
10		1.372	1.812	2.228	2.764	3.169
11		1.363	1.796	2.201	2.718	3.106
12		1.356	1.782	2.179	2.681	3.055
13		1.350	1.771	2.160	2.650	3.012
14		1.345	1.761	2.145	2.624	2.977
15		1.341	1.753	2.131	2.602	2.947
16		1.337	1.746	2.120	2.583	2.921
17		1.333	1.740	2.110	2.567	2.898
18		1.330	1.734	2.101	2.552	2.878
19		1.328	1.729	2.093	2.539	2.861
20		1.325	1.725	2.086	2.528	2.845
21		1.323	1.721	2.080	2.518	2.831
22		1.321	1.717	2.074	2.508	2.819
23		1.319	1.714	2.069	2.500	2.807
24		1.318	1.711	2.064	2.492	2.797
25		1.316	1.708	2.060	2.485	2.787
26		1.315	1.706	2.056	2.479	2.779
27		1.314	1.703	2.052	2.473	2.771
28		1.313	1.701	2.048	2.467	2.763
29		1.311	1.699	2.045	2.462	2.756
30		1.310	1.697	2.042	2.457	2.750
40		1.303	1.684	2.021	2.423	2.704
60		1.296	1.671	2.000	2.390	2.660
80		1.292	1.664	1.990	2.374	2.639
100		1.290	1.660	1.984	2.364	2.626
120		1.289	1.658	1.980	2.358	2.617
200		1.286	1.653	1.972	2.345	2.601
10000		1.282	1.645	1.960	2.327	2.576

（出典）岩永雅也・大塚雄作・高橋一男，2001，『社会調査の基礎 改訂版』放送大学教育振興会の数表2をもとに作成したもの。

引 用 文 献

阿形健司, 2000, 「資格社会の可能性——学歴主義は脱却できるか」近藤博之編『日本の
　階層システム——戦後日本の教育社会』東京大学出版会, 127-148.

Agresti, Alan, 1993, *An Introduction to Categorical Data Analysis*, New York: John
　Wiley & Sons.（渡邉裕之・菅波秀規・吉田光宏・角野修司・寒水孝司・松永信人訳,
　2003,『カテゴリカルデータ解析入門』サイエンティスト社.）

安藤清志・村田光二・沼崎誠, 2017,『社会心理学研究入門 増補新版』東京大学出版会.

浅野正彦・矢内勇生, 2018,『R による計量政治学』オーム社.

Blau, Peter M. and Otis Dudely Duncan, 1967, *The American Occupational Structure*,
　New York: John Wiley & Sons.

Bohrnstedt, Georege W. and David Knoke, 1988, *Statistics for Social Data Analysis*,
　2nd.ed., Itasca, IL: F. E. Peacock.（海野道郎・中村隆監訳, 1990,『社会統計学——
　社会調査のためのデータ分析入門』ハーベスト社.）

Collins, Randol, 1979, *The Credential Society: A Historical Sociology of Education and
　Stratification*, New York: Academic Press.（新堀通也監訳, 1984,『資格社会——
　教育と階層の歴史社会学』有信堂高文社.）

Everitt, Brain S., 1977, *The Analysis of Contingency Tables*, London: Chapman and
　Hall.（山内光哉監訳, 1980,『質的データの解析——カイ二乗検定とその展開』新曜
　社.）

藤原翔, 2015, 「計量分析の応用的手法」筒井淳也ほか編『計量社会学入門——社会をデ
　ータでよむ』世界思想社, 222-239.

Freud, Sigmund, 1922, *Die Traumdeutung*, Leipzig, F. Deuticke. 髙橋義孝訳, 1968,『フ
　ロイト著作集 2 夢判断』人文書院.

Furukawa TA, Kawakami N, Saitoh M, Ono Y, Nakane Y, Nakamura Y, Tachimori H,
　Iwata N, Uda H, Nakane H, Watanabe M, Naganuma Y, Hata Y, Kobayashi M,
　Miyake Y, Takeshima T and T Kikkawa, 2008, "The performance of the
　Japanese version of the K6 and K10 in the World Mental Health Survey Japan,"
　International Journal of Methods in Psychiatric Research, 17（3）: 152-158.

Grafen, Aian and Rosie Hails, 2002, *Modern Statistics for the Life Sciences*, New York:

Oxford University Press.（野間口健太郎・野間口眞太郎訳，2007，『一般線形モデルによる生物科学のための現代統計学――あなたの実験をどのように解析するか』共立出版.）

原純輔，1983，「質的データの解析法」青井和夫監修・直井優編『社会調査の基礎』サイエンス社，203-264.

林文・山岡和枝，2002，『調査の実際――不完全なデータから何を読みとるか』朝倉書店.

林雄亮・苫米地なつ帆・俣野美咲，2017，『SPSS による実践統計分析』オーム社.

平井明代，2017，『教育・心理系研究のためのデータ分析入門 第 2 版――理論と実践から学ぶ SPSS 活用法』東京図書.

市川雅教，2010，『因子分析』朝倉書店.

石川由香里，2013，「青少年の家庭環境と性行動――家族危機は青少年の性行動を促進するのか」日本性教育協会編『「若者の性」白書――第 7 回青少年の性行動全国調査報告』小学館，63-80.

石村貞夫，1992，『分散分析のはなし』東京図書.

―――・石村光資郎，2008，『入門はじめての分散分析と多重比較』東京図書.

板倉宏昭・尾﨑万枝，2002，「二次分析における再現可能性」『理論と方法』17（1）: 1-2.

岩井紀子・保田時男，2007，『調査データ分析の基礎――JGSS データとオンライン集計の活用』有斐閣.

岩間暁子，2006，「連続的な変数の原因を説明する一般線型モデル（GLM），回帰分析，分散分析――家事分担と不公平感」与謝野有紀・高田洋・安田雪・栗田宣義・間淵領吾編『社会の見方，測り方――計量社会学入門』勁草書房，95-112.

海保博之，1985，『心理・教育データの解析法10講』福村出版.

片瀬一男・阿部晃士・高橋征仁，2015，『社会統計学ベイシック』ミネルヴァ書房.

狩野裕，2004，「主成分分析は因子分析ではない！」『行動計量学』30（2）: 240.

神林博史，2019，『1 歩前からはじめる「統計」の読み方・考え方 第 2 版』ミネルヴァ書房.

Kessler R. C., Andrews G, Colpe L. J., Hiripi E., Mroczek D. K., Normand S. L., Walters E. E., and A. M. Zaslavsky, 2002, "Short Screening Scales to Monitor Population Prevalences and Trends in Non-specific Psychological Distress," *Psychological Medicine*, 32（6）: 959-976.

Knoke, David, George W. Bohrnstedt. and Alisa Potter. Mee, 2002, *Statistics for Social Data Analysis, 4th ed.*, Belmont, CA: Wadsworth.

Kohn, Melvin L., 2006, *Change and Stability: A Cross-national Analysis of Social*

Structure and Personality, Boulder: Paradigm.

Kohn, Melvin L., and Carmi Schooler, 1983, *Work and Personality: An Inquiry into the Impact of Social Stratificaion*, Norwood, NJ: Ablex.

Kohn, Melvin L., Kazimierz M. Slomczynski, and Carrie Schoenbach, 1990, *Social Structure and Self-direction: A Comparative Analysis of the United States and Poland*, Cambridge: Blackwell.

小杉考司, 2007, 『社会調査士のための多変量解析法』北大路書房.

松田紀之, 1988, 『質的情報の多変量解析』朝倉書店.

Mills, C. Wright, 1959, *The Sociological Imagination*, London: Oxford University Press. (伊奈正人・中村好孝訳, 2017, 『社会学的想像力』ちくま学芸文庫.)

三浦麻子・小林哲郎, 2015, 「オンライン調査モニタの Satisfice に関する実験的研究」『社会心理学研究』31 (1): 1-12.

三輪哲・林雄亮編著, 2014, 『SPSS による応用多変量解析』オーム社.

村瀬洋一・高田洋・廣瀬毅士編, 2007, 『SPSS による多変量解析』オーム社.

中原中也, [1930] 2000, 「汚れちまった悲しみに…」『新編 中原中也全集 第 1 巻 詩・本文篇』角川書店.

奥野忠一, 1981, 「序論」奥野忠一・久米均・芳賀敏郎・吉澤正『多変量解析法 改訂版』日科技連, 1-24.

――――, 1981, 「主成分分析」奥野忠一・久米均・芳賀敏郎・吉澤正『多変量解析法 改訂版』科技連, 159-257.

小野寺孝義・菱村豊, 2005, 『文科系学生のための新統計学』ナカニシヤ出版.

Popper, Karl R., 1959, *The Logic of Scientific Discovery*, London: Routledge. (大内義一・森博訳, 1971-1972, 『科学的発見の論理』恒星社厚生閣.)

Rowling, Joan. K., 2007, *Harry Potter and the Deathly Hallows*, London, Bramsburg. (松岡祐子ほか訳, 2008, 『ハリーポッターと死の秘宝』静山社.)

酒井聡樹, 2006, 『これから論文を書く若者のために 大改訂増補版』共立出版.

佐藤博樹・間淵領吾, 2002, 「特集 二次分析の新たな展開を求めて」『理論と方法』17 (1): 1-2.

佐藤郁哉, 2015, 『社会調査の考え方 上』東京大学出版会.

盛山和夫, 1983, 「量的調査の解析法」青井和夫監修・直井優編『社会調査の基礎』サイエンス社, 119-202.

―――― ・近藤博之・岩永雅也, 1992, 『社会調査法』放送大学教育振興会.

――――, 2004, 『社会調査法入門』有斐閣.

Sewell, William H., Archibald O. Haller, and George W. Ohlendorf, 1970, "The Educational and Early Occupational Status Attainment Process: Replication and Revision," *American Sociological Review*, 35 (6): 1014-1027.

芝祐順, 1979, 『因子分析法 第2版』東京大学出版会.

清水裕士, 2014, 『個人と集団のマルチレベル分析』ナカニシヤ出版.

Shklovskiĭ, Viktor B., 1925, *О теории прозы*, Mockba, Cob. Ниcателъ (水野忠夫訳, 1971, 『散文の理論』せりか書房.)

Speaman, Charles, 1904, "'General Intelligence,' Objectively Determined and Measured," *American Journal of Psychology*, 15 (2): 201-292.

杉野勇, 2017, 『入門・社会統計学——2ステップで基礎から［Rで］学ぶ』法律文化社.

Tabachnick, Barbara G. and Linda S. Fidell, 2014, *Using Multivariate Statistics, 6th.ed (Pearson new international edition).*, Harlow: Pearson Education Limited.

高橋征仁, 2013, 「欲望の時代からリスクの時代へ——性の自己決定をめぐるパラドクス」日本性教育協会編『「若者の性」白書——第7回 青少年の性行動全国調査報告』小学館, 43-61.

竹内啓, 1987, 「序章」鈴木雪夫・竹内啓編『社会科学の計量分析』東京大学出版会, 1-3.

谷岡一郎, 2000, 『「社会調査」のウソ——リサーチ・リテラシーのすすめ』文春新書.

太郎丸博, 2005, 『人文・社会科学のためのカテゴリカル・データ解析入門』ナカニシヤ出版.

寺島拓幸, 2018, 『SPSSによる多変量データ分析』東京図書.

Thurstone, Louis L., 1935, *The Vectors of Mind*, Chicago: University of Chicago Press.

轟亮, 2011, 「階層意識の分析枠組——価値意識を中心として」齋藤友里子・三隅一人編『現代の階層社会 3 流動化の中の社会意識』東京大学出版会, 79-91.

豊田秀樹, 2007, 『共分散構造分析［入門編］』朝倉書房.

内田義彦, 1985, 『読書と社会科学』, 岩波書店.

上田尚一, 2003, 『主成分分析』朝倉書店.

Willis, Paul E., 1977, *Learning to Labour: How Working Class Kids Get Working Class Jobs*, New York: Columbia University Press. (熊沢誠・山田潤, 1996, 『ハマータウンの野郎ども』ちくま学芸文庫.)

柳井晴夫, 1994, 『多変量データ解析法——理論と応用』朝倉書店.

――――・前川真一・繁枡算男, 1990, 『因子分析——その理論と方法』朝倉書店.

山田一成, 1998, 「社会調査と社会認識」石川淳志・佐藤健二・山田一成編『見えないものを見る力——社会調査という認識』八千代出版, 3-29.

引用文献

大和礼子，1995，「性別役割の二つの次元──「性による役割振り分け」と「愛による再生産役割」」『ソシオロジ』40（1），109-126.

学習を進めるための推薦図書
（○のついた図書は社会統計学の初心者向けのもの）

1 多変量解析の入門書・概説書

足立浩平，2006，『多変量データ解析法——心理・教育・社会系のための入門』，ナカニシヤ出版．

朝野熙彦，2000，『入門多変量解析の実際 第2版』，講談社．

Everitt Brain, S. 1977, *The Analysis of Contingency Tables*, London: Chapman and Hall（山内光哉監訳，1980，『質的データの解析——カイ二乗検定とその展開』新曜社．）．

Grimm, Lawrence G. and Paul R. Yarnold, 1994, *Reading and Understanding Multivariate Statistics*, Washington, DC: American Psychological Association.（小杉孝司監訳，2016，『研究論文を読み解くための多変量解析入門 基礎篇——重回帰分析からメタ分析まで』北大路出版．）

Grimm, Lawrence G. and Paul R. Yarnold, 2000, *Reading and Understanding More Multivariate Statistics*, Washington, DC: American Psychological Association.（小杉孝司監訳，2016，『研究論文を読み解くための多変量解析入門 応用篇——SEM から生存分析まで』北大路出版．）

原純輔，1983，「質的データの解析法」青井和夫監修・直井優編『社会調査の基礎』サイエンス社，203-264．

平井明代，2017，『教育・心理系研究のためのデータ分析入門——理論と実践から学ぶ SPSS 活用法 第2版』東京図書．

廣瀬毅士・寺島拓幸，2010，『社会調査のための統計データ分析』オーム社．

○石村貞夫，1992，『すぐわかる多変量解析』東京図書．

○————・石村光資郎，2007，『入門はじめての多変量解析』東京図書．

○鍵和田京子・石村貞夫，2001，『よくわかる卒論・修論のための統計処理の選び方』東京図書．

金井雅之・小林盾・渡辺大輔，2012，『社会調査の応用——量的調査編：社会調査士 E・G科目対応』弘文堂．

Knoke, David, Georege W. Bohrnstedt. and Allesa P. Mee, 2002, *Statistics for Social Data Analysis, 4th ed.*, Belmont, CA: Wadworth.

川端亮，2010，『データアーカイブ SRDQ で学ぶ社会調査の計量分析』ミネルヴァ書房．

君山由良，2011，『重回帰分析の利用法 第 2 版』データ分析研究所．

小杉孝司，2007，『社会調査士のための多変量解析法』北大路出版．

○古谷野亘，1988，『数学が苦手な人のための多変量解析ガイド——調査データのまとめかた』川島書店．

○松尾太加志・中村知靖，2002，『誰も教えてくれなかった因子分析——数式が絶対に出てこない因子分析入門』北大路書房．

松田紀之，1988，『質的情報の多変量解析』朝倉書店．

奥野忠一・久米均・芳賀敏郎・吉澤正，1984，『多変量解析 改訂版』日科技連出版社．

盛山和夫，1983，「量的調査の解析法」青井和夫監修・直井優編『社会調査の基礎』サイエンス社，119-202．

数理社会学会編，2006，『社会の見方，測り方——計量社会学への招待』勁草書房．

————，2015，『計量社会学入門——社会をデータでよむ』世界思想社．

芝祐順，1979，『因子分析法 第 2 版』東京大学出版会．

塩谷實，1990，『多変量解析概論』朝倉書店．

高橋信，2005，『マンガでわかる統計学 回帰分析編』オーム社．

————，2006，『マンガでわかる統計学 因子分析編』オーム社．

太郎丸博，2005，『人文・社会科学のためのカテゴリカル・データ解析入門』ナカニシヤ出版．

渡部洋編著，2002，『心理統計の技法』福村出版．

2 SPSS の解説書

○石村貞夫・石村光資郎，2018，『SPSS による統計処理の手順 第 8 版』東京図書．

————・————，2018，『SPSS による多変量データ解析の手順 第 5 版』東京図書．

○林雄亮・苫米地なつ帆・俣野美咲，2017，『SPSS による実践統計分析』オーム社．

○岸学，2012，『SPSS によるやさしい統計学 第 2 版』オーム社

寺島拓幸，2018，『SPSS による多変量データ分析』東京図書．

○村瀬洋一・高田洋・廣瀬毅士編著，2007，『SPSS による多変量解析』オーム社．

○三輪哲・林雄亮編著，2014，『SPSS による応用多変量解析』オーム社．

○小木曽道夫，2012，『SPSS によるやさしいアンケート分析 第 2 版』オーム社．

小塩真司，2018，『SPSS と Amos による心理・調査データ解析——因子分析・共分散構造分析まで 第 3 版』東京図書．

小塩真司，2005，『研究事例で学ぶ SPSS と Amos による心理・調査データ解析 第 2 版』東京図書.

○内田治，2016，『SPSS による回帰分析 第 2 版』オーム社.

────，2011，『SPSS によるロジスティック回帰分析』オーム社.

柳井晴夫・緒方裕光編著，2006，『SPSS による統計データ解析──医学・看護学，生物学，心理学の例題による統計学入門』現代数学社.

3　社会調査に関する文献

飽戸弘，1987，『社会調査ハンドブック』日本経済新聞社.

新睦人・盛山和夫編，2009，『社会調査ゼミナール』有斐閣.

○林雄亮・石田賢示，2017，『基礎から学ぶ社会調査と計量分析』北樹出版.

○原純輔・浅川達人，2009，『社会調査 改訂版』放送大学教育振興会.

原純輔・海野道郎，2004，『社会調査演習 第 2 版』東京大学出版会.

石川淳志・佐藤健二・山田一成編，1998，『見えないものをみる力──社会調査という認識』八千代出版.

岩永雅也・大塚雄作・高橋一男，2003，『社会調査の基礎 改訂版』放送大学教育振興会.

森岡清志，2007，『ガイドブック社会調査 第 2 版』日本評論社.

○大谷信介・木下栄二・後藤範章・小松洋，2013，『新・社会調査へのアプローチ──理論と方法』ミネルヴァ書房.

佐藤健二・山田一成編著，2009，『社会調査論』八千代出版.

○佐藤郁哉，2006，『フィールドワーク──書を持って街へ出よう 増補版』新曜社

────，2015，『社会調査の考え方 上・下』東京大学出版会.

盛山和夫，2004，『社会調査法入門』有斐閣.

○轟亮・杉野勇，2017，『入門・社会調査法── 2 ステップで基礎から学ぶ 第 3 版』法律文化社.

○谷岡一郎，2000，『「社会調査」のウソ──リサーチ・リテラシーのすすめ』文春新書.

土田昭司・山川栄樹，2011，『新・社会調査のためのデータ分析入門──実証科学への招待』有斐閣.

安田三郎・原純輔，1982，『社会調査ハンドブック 第 3 版』有斐閣.

学習課題解答

第1章

Q1.1

(a) 変数　(b) 関連　(c) 構造　(d) 線形モデル　(e) 従属変数　(f) 独立変数

Q1.2

(解答例)

　従属変数：学業成績　独立変数：知能の遺伝，本人の努力，文化資本，学校外教育投資

【注】文化資本とは，フランスの社会学者ブルデューの用語で，家族の中で伝達される文化的財（読書習慣やが芸術的趣味など）を意味し，これが豊かな家族で育った子どもほど学校でよい成績をあげたり，高い学歴を獲得するといった収益を上げるとされる。

Q1.3

(a) ログリニア分析　　(b) 二元配置分散分析　　(c) 重回帰分析

第2章

Q2.1

(a) 3.659　(b) 987　(c) 3611.433　(d) 528　(e) 1.908　(f) 1.599　(g) 3609.834
(h) 2　(i) 0.800　(j) 985　(k) 3.665　(l) 0.218　(m) 3.07　(n) 棄却されず　(o) ない

Q2.2

　SPSS による検定結果の出力は，以下のようになる。

　これによれば，性別・家族適応の主効果は有意だが，高校生と異なり，性別と家族適応の交互作用は有意ではない。

195

被験者間効果の検定

従属変数: 交際人数

ソース	タイプ III 平方和	自由度	平均平方	F 値	有意確率
修正モデル	87. 271[a]	5	17. 454	8. 193	.000
切片	1087. 240	1	1087. 240	510. 367	.000
q01b	17. 706	1	17. 706	8. 312	.004
Fadp3	73. 982	2	36. 991	17. 364	.000
q01b * Fadp3	6. 029	2	3. 015	1. 415	.243
誤差	5215. 001	2448	2. 130		
総和	7158. 000	2454			
修正総和	5302. 272	2453			

a R2 乗 = .016 (調整済み R2 乗 = .014)

Q2. 3

SPSS の出力は，下記のようになり，この表からは性別・家族適応の主効果は有意ではないうえに，両者の交互作用も有意とはいえない。したがって，性別や家族適応によってキス経験年齢に有意な差がないことに加えて，男子に比べ，女子ほど家族への不適応がキス経験年齢を下げるとはいえない。

被験者間効果の検定

従属変数: 問14(b) 初めてキスしたのは何歳

ソース	タイプ III 平方和	自由度	平均平方	F 値	有意確率
修正モデル	24. 549[a]	5	4. 910	1. 265	.277
切片	112393. 670	1	112393. 670	28950. 488	.000
q01b	3. 123	1	3. 123	.804	.370
Fadp3	9. 552	2	4. 776	1. 230	.293
q01b * Fadp3	13. 124	2	6. 562	1. 690	.185
誤差	3998. 740	1030	3. 882		
総和	220048. 000	1036			
修正総和	4023. 290	1035			

a R2 乗 = .006 (調整済み R2 乗 = .001)

第 3 章

Q3. 1

（a）性交経験者は自宅生で43.8％，1人暮らしで59.7％と，1人暮らしの方が16ポイント程度多い。

学習課題解答

表3.4 居住形態と性交経験：大学生男子

(%)

居住形態	性交経験の有無		計（実数）	
	あ る	な い		
自宅生	43.8	56.2	100.0	(500)
一人暮らし	59.7	40.3	100.0	(434)
全 体	51.2	48.8	100.0	(694)

(b) ピアソンのカイ二乗値は $\chi^2 = 23.441$，尤度比カイ二乗値は $G^2 = 23.551$である。いずれも5％水準でみて1有意であり，居住形態と性交経験には有意な関連があるといえる。

Q3.2

表3.5 大学生男子の性交経験に関するログリニア分析

No.	モデル		G^2	df	p	AIC
			モデル適合			
H_1	均一連関モデル	〔HA〕〔HS〕〔AS〕	0.375	1	0.540	−1.625
H_2	条件付独立モデル	〔HA〕〔HS〕	29.890	2	0.000	25.890
H_3		〔HA〕〔AS〕	29.890	2	0.000	25.890
H_4		〔HS〕〔AS〕	21.894	2	0.000	17.894
H_5	一変数独立モデル	〔HA〕〔S〕	53.441	3	0.000	47.441
H_6		〔HS〕〔A〕	44.058	3	0.000	38.058
H_7		〔AS〕〔H〕	45.445	3	0.000	39.445
H_8	独立モデル	〔H〕〔S〕〔A〕	67.609	4	0.000	59.609

(注) S：性交経験 A：アルバイト頻度 H 居住形態 $N=934$

Q3.3

モデル適合度からみて，採択されるモデルは均一連関モデルとなる。

第4章

Q4.1

予測式に年齢と回答（カテゴリー値）を代入して求めればよい。

(a) 年齢が15歳で，友人と性について「1＝全然話さない」という回答者の予測値は3.031となる。つまり，性のリスク意識の回答は「3＝どちらかといえば楽しくない」に近いと予測できる。

$$\hat{Y}_i = 4.826 - 0.089 \times 15 - 0.460 \times 1 = 3.031$$

197

(b) 年齢が17歳で，友人と性について「3 = よく話す」という回答者の予測値は1.933となる。つまり，性のリスク意識の回答は「2 = どちらかといえば楽しい」に近いと予測できる。

$$\hat{Y}_i = 4.826 - 0.089 \times 17 - 0.460 \times 3 = 1.933$$

Q4.2

学校段階ごとに単回帰分析を行い，SPSSの出力のうち「係数」の表をから切片と回帰係数を読み取る。そこから予測式を示すと以下のようになる。

中学生　$\hat{Y}_i = 3.891 - 0.613 X_i$
高校生　$\hat{Y}_i = 3.298 - 0.423 X_i$
大学生　$\hat{Y}_i = 2.860 - 0.372 X_i$

この3つの式では，回帰係数の符合が負であるため，いずれの学校段階においても，友人と性についての会話が多いほど性のリスク意識が低くなる傾向にある。また，中学生，高校生，大学生と学校段階が高くなるほど回帰係数の絶対値が小さいことから，友人との会話の影響がもっとも大きいのが中学生で，高校生，大学生と徐々にその影響が小さくなることがわかる。

Q4.3

SPSSで分析を行い，表を作成すると以下のようになる。この表から，年齢，友人との会話に加えて，友人の性行動についての関心も，性のリスク意識に統計的に有意な効果があることがわかる。偏回帰係数や標準偏回帰係数の符合がすべて負であることから，年齢が高いほど，友人と性についての会話を行うほど，友人の性行動への関心が高いほど，性のリスク意識は低くなる。また，標準偏回帰係数の値から，年齢や友人との会話に比べると，友人の性行動への関心の効果は小さいことがわかる。

学習課題解答

表4.2 性のリスク意識を従属変数とする重回帰分析

	b	$S.E.$	β
定 数	5.012***	.062	
年 齢	-.085***	.003	-.265
友人との会話	-.370***	.015	-.272
友人行動への関心	-.242***	.016	-.175
R^2		.230***	
$Adj. R^2$		.230***	
n		7080	

(注) b：偏回帰係数　$S.E.$：標準誤差　β：標準偏回帰係数
*** : $p<0.001$

第5章

Q5.1

（a）第1因子に因子負荷が高いのは，①国や地域や会社などで重要な決定をする仕事は，女性より男性に適している，②職場では男性がリーダーシップを発揮し，女性が補助や心配りすることで仕事がうまくいく，③家事や育児には，男性より女性が適している，④舅・姑の世話や介護をするのは，妻の役割である，となっているため，「性による役割振り分け」と解釈できる。

これに対して，第2因子に因子負荷が高いのは，⑤3歳になるまで母親がそばにいてやることが，子どもの成長には必要だ，⑥愛情があれば，家族のために家事をすることは苦にならないはずだ，⑦母性愛は，女性にもともと自然にそなわっているものだ，などであるため，「愛による再生産役割」の次元と解釈できる。

（b）共通性は各項目の因子負荷の二乗和として求められるので，以下のようになる。
 a 0.487　b 0.467　c 0.342　d 0.557

（c）①の共通性が0.723ともっとも大きいので，この項目の分散が2つの因子によって，もっとも説明される。

Q5.2

因子負荷行列は高校生男子の場合は表5.4a のようになる。

【解説】バリマックス回転の場合，因子間の相関行列の代わりに，出力される因子寄与，寄与率を記入し，また因子負荷はバリマックス回転後の因子負荷を入れる。

199

表5.4a 男女関係の因子分析：男子高校生

	因子負荷量		共通性
	第1因子	第2因子	
(a) 早く結婚する必要はない	−0.031	0.149	0.023
(b) 男性は女性をリードするべきだ	**0.052**	−0.177	0.284
(c) 女性よりも男性の方が，性欲が強い	**0.310**	0.016	0.096
(d) 同性との性的行為かまわない	−0.041	**0.742**	0.552
(e) 男性は外で働き，女性は家庭を守る	**0.754**	−0.024	0.569
(f) 女性は家事・育児を大切にすべき	**0.630**	−0.225	0.448
固有値	1.992	1.111	
寄与率（％）	21.954	10.918	

(注) 主因子法・バリマックス回転

　男子の場合，固有値1以上の因子が2つ抽出され，それによって変数の分散の30％程度が説明されている。因子負荷からみて，第1因子は男女の役割分担に関する項目（(e)(f)）の因子負荷が高く，性別役割の因子と解釈できる。また，この因子とは性愛関係における男性の優位性を示す項目（b）の因子負荷が高いのも，次にみる女子の場合と異なる特徴である。この点で男子の場合，性別役割を肯定する意識が男性優位性の意識と結びついていることが示唆される。これに対して，第2因子は同性愛の項目と正の相関が高く，非伝統的な性愛関係を肯定する態度の因子と解釈することができる。

Q5.3

　女子の場合も，表5.4bに示したように，固有値1以上の因子が2つ抽出され，それによって変数の分散の30％程度が説明されている。因子負荷のパターン（回転後の因子行列）からみて，第1因子は男子と同様，性別役割の因子と解釈できる。

表5.4b 男女関係の因子分析：女子高校生

	因子負荷量		共通性
	第1因子	第2因子	
(a) 早く結婚する必要はない	−0.129	−0.101	0.027
(b) 男性は女性をリードするべきだ	0.249	**0.645**	0.478
(c) 女性よりも男性の方が，性欲が強い	0.093	**0.521**	0.280
(d) 同性との性的行為かまわない	−0.211	−0.321	0.148
(e) 男性は外で働き，女性は家庭を守る	**0.695**	0.171	0.513
(f) 女性は家事・育児を大切にすべき	**0.544**	0.166	0.323
固有値	2.009	1.024	
寄与率（％）	15.192	14.288	

(注) 主因子法・バリマックス回転

学習課題解答

　他方，第2因子は，男子と異なり，男女関係における男性の優位性に関する項目（(b)，(c)）の因子負荷が高い。この分析は直交解で因子間に相関を仮定していないため，女子では，性別役割意識と男性の優位性の意識は独立していると考えられる。

第6章

Q6.1

　表6.5からみて，1995年には権威主義に有意な正の効果をおよぼしていた年齢と世帯収入の効果が有意ではなくなった。つまり，95年に比べると，2005年では年齢が高いほど，収入が少ないほど，権威主義的であると言えなくなった。また教育年数の負の効果は依然として有意であるが，その効果も大幅に弱まっている。この点では，戦後一貫して非権威主義的態度の形成に寄与してきた学校教育の効果に陰りがみられたことになる。

　このことに関して，轟（2011）は，従来，もっとも反権威主義的と考えられてきた若年高学歴層が権威主義化したこと，特に長期不況がもたらした「閉塞感」が若年層を中心に「保守化」を促した可能性をみる一方で，権威主義に対する階層変数の規定力の全般的低下からみて，権威主義が階層意識としての性格を弱めてきた可能性も示唆している。

Q6.2

　まず問22（a）～（e）の得点を「かまわない＝4点」～「よくない＝1点」（「わからない」「無回答」＝欠損値）と再コード化して主成分分析を行う。以下の結果となり，1つの主成分が抽出される。

共 通 性

	初期	因子抽出後
問22(a) 性的な行為：愛情がなくてもセックス（性交）をすること (*)	1.000	.751
問22(b) 性的な行為：お金や物をもらったりあげたりしてセックス（性交）をすること (*)	1.000	.693
問22(c) 性的な行為：付き合っている人のいる人が，その相手以外の人とセックス（性交）をすること (*)	1.000	.558
問22(d) 性的な行為：知り合ってすぐの相手とセックス（性交）をすること (*)	1.000	.584
問22(e) 性的な行為：できちゃった結婚（妊娠をきっかけとした結婚）をすること (*)	1.000	.215

因子抽出法：主成分分析

説明された分散の合計

成分	初期の固有値			抽出後の負荷量平方和		
	合計	分散の %	累積 %	合計	分散の %	累積 %
1	2.900	58.006	58.006	2.900	58.006	58.006
2	.880	17.505	75.511			
3	.537	10.744	86.355			
4	.411	8.220	94.575			
5	.271	5.425	100.000			

因子抽出法: 主成分分析

成分行列[b]

	成分
	1
問22(a) 性的な行為：愛情がなくてもセックス（性交）をすること (*)	.867
問22(b) 性的な行為：お金や物をもらったりあげたりしてセックス（性交）をすること (*)	.832
問22(c) 性的な行為：付き合っている人のいる人が、その相手以外の人とセックス（性交）をすること (*)	.747
問22(d) 性的な行為：知り合ってすぐの相手とセックス（性交）をすること (*)	.827
問22(e) 性的な行為：できちゃった結婚（妊娠をきっかけとした結婚）をすること (*)	.463

因子抽出法: 主成分分析

a 1 個の成分が抽出されました

学習課題解答

Q6. 3

男女別に主成分得点を計算し，t 検定をする。まず等分散性の検定結果から「等分散性の仮定」の帰無仮説は $F=88.707$（$p<0.001$）で棄却される。そこで，男女のスコアの分散が等しいことが仮定できないので「等分散性を仮定しない」t 値をみると，$t=8.588$で0.01％で有意差があることになる。

独立サンプルの検定

		等分散性のための Levene の検定		2 つの母平均の差の検定	2 つの母平均の差の検定				2 つの母平均の差の検定	
									差の 95% 信頼区間	
		F 値	有意確率	t 値	自由度	有意確率（両側）	平均値の差	差の標準誤差	下限	上限
REGR factor score 1 for analysis 4	等分散を仮定する	88.707	0	9.152	1926	0	0.420	0.046	0.330	0.510
	等分散を仮定しない			8.588	1252.07	0	0.420	0.049	0.324	0.516

そこで男女別の主成分得点をみると以下のようになっており，逸脱的性行動の許容度は女子より男子で有意に高いことになる。

グループ統計量

	問1 (b) 性別	度数	平均値	標準偏差	平均値の標準誤差
REGR factor score 1 for analysis 2	男子	735	.2600221	1.13919392	.04201980
	女子	1193	-.1601980	.86608896	.02507508

第 7 章

Q7. 1

分析結果をまとめると表7.3のようになる。

表7.3 交際経験人数を従属変数とする重回帰分析

	b	S.E.	β
定数	3.987***	.209	
家族適応	-.365***	.080	-.117
男子ダミー	-1.169***	.325	-.290
男子ダミー×家族適応	.353**	.126	.227
R^2	.013***		
Adj. R^2	.011***		
N	2539		

(注) b：偏回帰係数　S.E.：標準誤差　β：標準偏回帰係数
***：$p<0.001$　**：$p<0.01$

203

これによると，高校生の交際経験人数に対して，家族適応，性別（男子ダミー），性別と家族適応の交互作用項の効果が統計的に有意である。家族適応と男子ダミーの偏回帰係数の符合が負となっているため，家族適応が低い高校生ほど，また男子よりも女子のほうが，交際経験人数が多い。

また，予測式は以下のようになり，家族適応の偏回帰係数は，女子は -0.365，男子は -0.012 であった。ここでの交互作用効果は，性別のカテゴリーにより交際経験人数に対する家族適応の効果が異なるというものだが，具体的には，女子では家族適応が低いと交際人数が増えるのに対して，男子ではその効果がほとんどない，というものである。

全体 $\quad \hat{Y}_i = 3.987 - 0.365X_i - 1.169D_i + 0.353D_iX_i$

男子 $\quad \hat{Y}_i = (3.987 - 1.169) + (-0.365 + 0.353)X_i$

$\quad\quad\quad = 2.818 - 0.012X_i$

女子 $\quad \hat{Y}_i = 3.987 - 0.365X_i$

Q7.2

「友人との性についての会話」（X_1）と女子ダミー（D）を独立変数として重回帰分析を行うと「係数」の表は以下のようになる。男子ダミーを用いた場合（95～97頁）と比べると，回帰係数（B）は $-.279$ から $.279$ へと変わり符合が正になった。また，切片は 3.494 から 3.215 に変わっている。図7.1からわかるように，基準となる $D = 0$ のときの切片，つまりここでは男子の切片が「定数」に示されているためである。

係数[a]

モデル		非標準化係数		標準化係数	t値	有意確率
		B	標準誤差	ベータ		
1	(定数)	3.215	.031		102.376	.000
	友人との会話（逆転）	-.484	.015	-.355	-32.466	.000
	女子ダミー	.279	.020	.151	13.789	.000

a. 従属変数 性のイメージ：楽しいか

このことは，以下の予測式から確かめられる。このうち男女それぞれの予測式は「男子ダミー」を用いた場合と同じになることも確認しよう。

全体 $\quad \hat{Y}_i = 3.215 - 0.484X_i + 0.279D_i$

男子 $\quad \hat{Y}_i = 3.215 - 0.484X_i$

女子 $\quad \hat{Y}_i = 3.215 - 0.484X_i + 0.279 = 3.494 - 0.484X_i$

学習課題解答

Q7. 3

分析結果をまとめると表7.4のようになる。これにより, 性のリスク意識には友人との会話の効果に加えて, 学校段階の効果があることがわかった。高校生を基準とした場合, 中学生ダミーは正の, 大学生ダミーは負の統計的に有意な効果があるため, 中学生は高校生よりもリスク意識が高く, 大学生は高校生よりもリスク意識が低い。

表7.4 性のリスク意識を従属変数とする重回帰分析

	b	S.E.	β
定数	3.381***	.032	
友人との会話	$-.468$***	.015	$-.343$
学校段階 (ref. 高校生)			
中学生ダミー	.259***	.024	.133
大学生ダミー	$-.343$***	.024	$-.178$
R^2	.202***		
$Adj.\ R^2$	.201***		
N	7104		

(注) b：偏回帰係数　S.E.：標準誤差　β：標準偏回帰係数
　　*** : $p<0.001$

予測式は以下のようになり, 図示するとすれば, 傾きが同じ右下がりの直線で, 中学生, 高校生, 大学生の順に切片が低くなっていく。

$$
\begin{aligned}
\text{全　体}\quad & \hat{Y}_i = 3.381 - 0.468X_i + 0.259D_{1i} - 0.343D_{2i} \\
\text{中学生}\quad & \hat{Y}_i = 3.381 - 0.468X_i + 0.259\,(1) - 0.343\,(0) \\
& = 3.381 - 0.468X_i + 0.259 \\
& = 3.640 - 0.468X_i \\
\text{高校生}\quad & \hat{Y}_i = 3.381 - 0.468X_i + 0.259\,(0) - 0.343\,(0) \\
& = 3.381 - 0.468X_i \\
\text{大学生}\quad & \hat{Y}_i = 3.381 - 0.468X_i + 0.259\,(0) - 0.343\,(1) \\
& = 3.381 - 0.468X_i - 0.343 \\
& = 3.038 - 0.468X_i
\end{aligned}
$$

第8章

Q8. 1

週労働時間から抑うつ傾向への間接効果は, モデル1とモデル2における週労働時間の回帰係数の差で求められるため, $0.002 - (-0.028) = 0.030$より, 0.030である。

一方，週労働時間から抑うつ傾向への直接効果は，モデル2における偏回帰係数−0.028である。したがって，ほぼ同じ大きさの正の間接効果と負の直接効果が存在していることがわかった。

これは，直接効果と間接効果の符合が違う抑圧により，モデル1で週労働時間と抑うつ傾向に関連がないように見える疑似無相関が生じている例である。

Q8.2

SPSSによる階層的重回帰分析の結果を表にすると表8.4のようになる。モデル2における決定係数の増加分は0.001と値としては小さいが，1％水準で統計的に有意になっていることから，表8.1の分析と同じように，交互作用効果を投入したことでモデル全体の説明力が上がったと言える。なお，各変数が性のリスク意識に与える効果の方向は表8.1と同じだが，表8.4が異なる点としては，モデル2で性別（男子ダミー）が有意な効果をもっていること，および交互作用項の偏回帰係数の絶対値がやや小さいことが挙げられる。

表8.4 性のリスク意識を従属変数とする階層的重回帰分析

	モデル1		モデル2	
	b	S.E.	b	S.E.
定　数	3.369***	.030	3.294***	.039
友人の性行動への関心	−.427***	.015	−.384***	.021
男子ダミー	−.333***	.021	−.177**	.057
男子ダミー×友人の性行動への関心			−.092**	.031
R^2	.122***		.123***	
$\varDelta R^2$			.001**	
N	7092		7092	

(注)　b：偏回帰係数　S.E.：標準誤差
　　　***：$p<0.001$　**：$p<0.01$

Q8.3

SPSSによる階層的重回帰分析の結果を表にすると表8.5のようになる。女子ダミーと年齢がそれぞれ0.1％水準で統計的に有意な性の効果をもっていることから，男子に比べて女子が，また年齢が高いほど，「男性は外で働き，女性は家庭を守るべきだ」と思わない傾向にある。

また，母親の就業形態をダミー変数として投入したモデル2における決定係数の増加分は0.05となっており，0.1％水準で統計的に有意である。このことから，母親の就業形

態は子どもの性別役割意識に効果をもっていることがわかる。就業形態についての3つのダミー変数がいずれも有意であることから，フルタイム，パートタイム，家で仕事のいずれの場合でも，母親が専業主婦である場合に比べて，「女性は家庭を守るべきだ」とは思わない傾向にあることがわかった。

表8.5　性別役割意識（「女性は家庭を守るべきだ」と思わない）を従属変数とする階層的重回帰分析

	モデル1		モデル2	
	b	S.E.	b	S.E.
定　数	1.431***	.073	1.296***	.078
女子ダミー	.313***	.025	.318***	.025
年　齢	.091***	.004	.092***	.004
母親の就業形態（ref. 専業主婦）				
フルタイムダミー			.209***	.034
パートタイムダミー			.102**	.033
家で仕事ダミー			.122*	.054
R^2	.091***		.097***	
$\triangle R^2$			.005***	
N	6530		6530	

（注）b：偏回帰係数　S.E.：標準誤差
　　***：$p<0.001$　**：$p<0.01$　*：$p<0.05$

第9章

Q9.1

（a）0.176

　$e^2 = 0.908$より$0.908 = \sqrt{1-R^2}$，この両辺を二乗すると$0.824 = 1-R^2$となり，ここから$R^2 = 1-0.824 = 0.176$

（b）間接効果0.047　直接効果0.158　（c）総効果　0.205

Q9.2

（a）まず，性的関心をもった年齢と愛情のないセックスを肯定する態度の相関係数は−0.189（$p<0.01$）であり，性的関心をもった年齢が低いほど愛情のないセックスを肯定する傾向にある。次に，性的関心をもった年齢と愛情のないセックスを肯定する態度でデート経験年齢を説明すると，SPSS の出力は以下のようになる。

係数^a

モデル		非標準化係数 B	標準誤差	標準化係数 ベータ	t 値	有意確率
1	(定数)	13.162	.274		48.084	.000
	問13(b) 初めて関心を持ったのは何歳	.145	.018	.171	8.093	.000
	問22(a) 性的な行為：愛情がなくてもセックス（性交）をすること (*)	-.034	.043	-.017	-.794	.427

a. 従属変数 問12(b) 初めてデートしたのは何歳

　ここから性的関心をもった年齢のパス係数は0.174, 愛情のないセックスを肯定する態度のパス係数は-0.017となる。このうち前者は0.01％で有意だが，後者は5％水準でも有意ではない。なお，決定係数は $R^2 = 0.030$ （$p<0.001$）であり，残差は $\sqrt{1-0.030} = 0.985$ となる。

　最後に，交際人数を従属変数，性的関心年齢，愛情のない性交への肯定，デート年齢を独立変数とした重回帰分析をすると以下のようになる。

係数^a

モデル		非標準化係数 B	標準誤差	標準化係数 ベータ	t 値	有意確率
1	(定数)	7.799	.280		27.888	.000
	問13(b) 初めて関心を持ったのは何歳	.032	.013	.047	2.443	.015
	問22(a) 性的な行為：愛情がなくてもセックス（性交）をすること (*)	.171	.031	.106	5.587	.000
	問12(b) 初めてデートしたのは何歳	-.377	.015	-.469	-24.937	.000

a. 従属変数 kousai

(b) 以上の結果をもとにパス図を書くと以下のようになる。

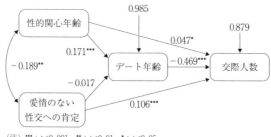

（注）***：$p<0.001$　**：$p<0.01$　*：$p<0.05$

学習課題解答

性的関心から交際人数への直接効果は，0.047であるのに対し，デート年齢を経由した間接効果は，$0.171 \times (-0.469) = -0.080$となり，両者を合計した総合効果は$-0.033$となり，性的関心はわずかながら交際人数を減少させる。

Q9.3

性的関心年齢が交際人数におよぼす直接効果は0.047であり，関心をもった年齢が高いほど交際人数は多くなる。しかし，交際人数にもっとも影響しているのは，デート経験年齢の低さであり，性的関心年齢もデート経験年齢を経由して$0.170 \times (-0.463) = -0.079$の間接効果，すなわち性的関心年齢が低いほど交際人数が増える効果をもつ。そこで，直接効果と間接効果とを合わせると$0.047 + (-0.079) = -0.046$となり，性的関心年齢が低いほど交際人数は多くなるといえる。

第10章

Q10.1

分析結果の切片と偏回帰係数をモデル式に代入すると，対数オッズ比は15歳男子で-2.196，17歳女子で-1.272となる。これを指数化しオッズ比に変換すると15歳男子は0.111，17歳女子は0.280となり，さらに確率に変換すると15歳男子は0.100，17歳女子は0.219となる。

Q10.2

分析結果は表10.5のモデル1に示した。この結果から，年齢が高いほど，そして女子に比べて男子の方が性的関心をもったことがあるといえる。女子に対する男子のオッズ比は2.64倍（$e^{0.969} = 2.635$）であり，性的関心をもった経験において性差が大きいことがうかがえる。

Q10.3

分析結果は表10.5のモデル2に示した。性的関心経験の有無に対して兄ありダミー変数，姉ありダミー変数ともに有意な効果をもっていないことから，年上のきょうだいは性的関心の惹起に影響しないといえる。またモデル自体も有意に改善していないため，モデル全体の当てはまりの点からするとこれらの2変数は独立変数から除いた方が良いことがわかる。

209

表10.5 性交経験の有無にかんする二項ロジスティック回帰分析結果

	モデル1		モデル2	
	偏回帰係数	標準誤差	偏回帰係数	標準誤差
定　数	− 5.627	.181***	− 5.669	.184***
年　齢	.339	.011***	.339	.011***
男子ダミー	.969	.055***	.969	.055***
兄あり			.028	.057
姉あり			.092	.058
− 2 対数尤度	8472.305		8469.611	
Cox-Snell R^2	.181		.182	
Nagelkerke R^2	.245		.245	
N	7370		7370	

(注) *** : $p<0.001$

第11章

Q11.1

　分析結果は表11.4に示した。この結果から，「どちらともいえない。自然に」という回答を基準カテゴリーとしたとき，男子の方が女子より「自分から言葉や態度で」と回答する傾向があること，初交相手が同い年に比べて年上であると「自分から言葉や態度で」と回答しにくい傾向があることがわかる。また「どちらともいえない。自然に」と「自分から言葉や態度で」との間で初交時の年齢の効果はみられない。

　一方，「相手から言葉や態度で」という回答は男子よりも女子でみられること，初交時

表11.4 初交のイニシアティブに関する多項ロジスティック回帰分析結果

	自分から言葉や態度で ($N=304$)		相手から言葉や態度で ($N=814$)	
	偏回帰係数	標準誤差	偏回帰係数	標準誤差
切　片	− 3.232	.683***	2.081	.512***
男子ダミー	2.507	.247***	− 2.272	.145***
初交時年齢	.037	.037	− .076	.030*
初交相手年上	− .411	.203*	.218	.128
初交相手年下	− .032	.228	− .327	.253
− 2 対数尤度	408.206			
Cox-Snell R^2	.374			
Nagelkerke R^2	.429			
McFadden R^2	.228			
N	1765			

(注) *** : $p<0.001$　* : $p<0.05$

の年齢が低いほど「どちらともいえない。自然に」に対して「相手から言葉や態度で」
と回答しやすいといえる。

Q 11. 2

分析結果は表11.5に示した。表11.4と見比べ，従属変数の基準カテゴリーによる分析
結果の違いについて確認しておくと良い。

表11.5 初交のイニシアティブに関する多項ロジスティック回帰分析結果

	相手から言葉や態度で (N=814)		どちらともいえない (N=647)	
	偏回帰係数	標準誤差	偏回帰係数	標準誤差
切　片	5. 313	. 773***	3. 232	. 683***
男子ダミー	−4. 779	. 263***	−2. 507	. 247***
初交時年齢	−. 113	. 043**	−. 037	. 037
初交相手年上	. 629	. 219**	. 411	. 203*
初交相手年下	−. 295	. 306	. 032	. 228
−2対数尤度	408. 206			
Cox-Snell R^2	. 374			
Nagelkerke R^2	. 429			
McFadden R^2	. 228			
N	1765			

（注）*** : $p<0.001$　** : $p<0.01$　* : $p<0.05$

Q 11. 3

分析結果は表11.6に示した。この結果から調査時点の年齢が高いほど妊娠する（させ
る）ことへの懸念が強いことがわかる。また男子ダミーの効果は有意ではないことから，
性別によって懸念の程度に違いはないといえる。当然ながら，性交経験がある者はない
者に比べて妊娠に対する懸念が強いが，現在，性交相手がいるか否かを考慮すると異な
った知見が得られるだろう。

表11.6 妊娠に対する懸念に関する順序ロジスティック回帰分析結果

	偏回帰係数	標準誤差
年　齢	.138	.014***
男子ダミー	−.069	.058
性交経験ありダミー	.464	.063***
閾値1	−.953	.267***
閾値2	.071	.259
閾値3	2.437	.259***
−2対数尤度	566.526	
Cox-Snell R^2	.041	
Nagelkerke R^2	.049	
McFadden R^2	.023	
観測度数（比率）		
y=1	141	(.028)
y=2	229	(.046)
y=3	1855	(.371)
y=4	2777	(.555)

(注) ***：$p < 0.001$

索　引

欧　文

AIC（赤池情報量基準）　41, 43, 44, 147, 153
BIC（ベイズ情報量基準）　147, 153
Cox and Snell R^2　147, 153
F 検定　15, 21
F 比　16, 20, 21
F 分布　16
McFadden R^2　153
Nagelkerke R^2　147, 153
PRE 統計量　53
VIF　60
Wald 統計量　145

あ　行

悪のラベル　168-170
異化作用　1, 2
閾値　158
一般化線形モデル　10, 12
一般線形モデル　8, 15, 48, 106
因果推論　115
因果メカニズム　8
因子
　共通（潜在）——　63-66, 69, 81
　独自——　79
　——寄与　66, 84
　——寄与率　66
　——負荷行列　67, 75
　——負荷（量）　65, 67, 68, 74, 88
因子分析　12, 62, 64, 65, 67, 74, 78, 177
　探索的——　75
エフェクトコーティング　106
エラボレーション　105, 115, 121
オッズ　140, 143-145
　——比　144, 148, 153
重み　83

か　行

回帰分析　47, 48, 77
　——係数　5, 48
　——直線　5, 47
　——平方和　53
　——モデル　48
解釈　74
外生変数　126, 130
階層規則　38
階層的重回帰分析　12, 108-113, 115-117, 120,
　121
階層的方法　108, 110, 114
カイ二乗検定　32, 34, 41, 45, 147
カイ二乗値　33, 37
　ピアソンの——　34, 37
　尤度比——　34, 37, 40, 43, 41
解の回転　68
確証バイアス　168
確認的因子分析　76
確率　137, 140, 146, 153, 154, 157, 158
間接効果　115-117, 125, 128-130, 133
観測個体　4
疑似決定係数　147, 153, 160
疑似相関　116, 120, 121
疑似無相関　121
基準カテゴリー　95, 98, 103, 152-154, 157
級間分散　16
　——平均平方　16, 20
　——平方和　16, 19
級内分散　16
　——平均平方　16, 20
　——平方和　19, 20
強制投入法　108, 109, 113, 114
共通性　67, 71
共分散構造分析（SEM）　13, 76, 134, 176, 177
共分散分析　106

213

許容度　60
寄与率　65, 83, 88
クロス集計（表）　31, 32, 45
群効果　17
群平均　17
決定係数　52-53, 59, 110, 119, 126, 131, 132, 147,
　156
　――の変化量　112, 113
　自由度調整済み――　58, 59, 112, 119
交互作用　23-27, 35, 36
　――項　101, 102, 104, 105, 111-113
　――効果　22, 100, 104-106
構造方程式　126, 129
　――モデリング　176
誤差　19, 48
　――項　18, 126
　――平方和　53
固有値　66, 67, 83, 84, 88
　――分解　65
固有ベクトル　66, 83

さ 行

最小二乗法　5, 48, 54, 127, 136, 138, 147, 162
最尤推定法　141, 142, 146, 148, 162
最尤法　68
サティスファイス　171
残差係数　126, 131, 132
次元の縮小　80, 90
自然対数変換　140
社会学的想像力　179
社会調査　1, 4
斜交解　68
主因子法　67
重回帰分析　6, 54, 79, 90, 93, 108, 114, 123-127,
　136, 137, 146-148, 161-163, 178
主効果　22, 28, 36, 38, 39, 79, 81, 90
主成分得点　81, 83, 84
　――負荷量　84
　――分析　12, 78, 79, 84
主成分法　68
順序尺度　152
情報の縮約　80, 90
信頼区間　52
信頼性　172

スクリープロット　67
ステップワイズ法　110, 114
線型回帰モデル　136
　――関係　15, 47, 60, 141
　――結合　80, 90
　――モデル　9, 10
潜在変数　63
全平方和　16, 19, 53
相関関係　109
　――行列　65, 74
　――係数　66, 172
総効果　115, 128, 129, 133
総合的要因　79
相殺効果　24
相乗効果　24
総平均　17

た・な 行

対数オッズ　140, 143, 152-154, 157
　――比　143-145
多重共線性　59, 60, 148
妥当性　172
　基準関連――　172
　構成概念――　172
　内容的――　172
多変量解析　1, 3-5, 10, 13, 175, 176, 179
ダミー変数　12, 93-95, 98, 100, 101, 103-106, 111,
　136-138, 142, 151
単回帰分析　6, 48, 106
直接効果　115-117, 128-130
直交解　68
データ・アーカイブ　173, 174
デビアンス　146
内生変数　126
2次分析　173, 174
二値変数　137

は 行

媒介関係　116
　――効果　116
　――変数　115
パス解析　115, 123, 125, 127, 128, 176, 177
　――係数　126-128
　――図　124, 125

214

——モデル　127
パラメータ　37
バリマックス回転　68
反証可能性　168, 171
標準化残差　37, 43
標準誤差　52
標準正規分布　37
標準偏回帰係数　51, 57, 148
標本分布　52
プロマックス　70
——回転　69, 70
——法　69
分散拡大要因　60
分散分析　15, 16, 21, 22, 48, 79, 106, 177
——表　21
二元配置の——　22, 25, 45, 100, 105
平均平方　26, 27
平行性の仮定　158-160
偏回帰係数　6, 54, 94, 95, 110, 114, 141-146, 152,
153, 158, 159
変数減少法　114
変数選択法　114
変数増加法　114

ま・や・ら　行

－2対数尤度　146
マルチレベル　178
——分析　13, 176, 177
名義尺度　152
尤度　142, 146
——比検定　147, 153, 160
抑圧　121
リサーチ・トライアングル　165, 179
離散変数　93, 97, 101, 103, 105, 106
ログリニア分析　34, 35, 41, 45, 79, 115
ログリニアモデル　36, 38
1変数独立——　39
3変数独立——　40
均一連関——　39
条件付き独立——　39
独立——　35, 36, 38
飽和——　38
ロジスティック回帰分析　93, 137
順序——　12, 152, 157, 158, 160-162
多項——　12, 152-154, 158, 159, 162
二項——　12, 137-139, 141, 142, 144-149, 153,
158, 163
ロジット　140
——変換　139

《著者紹介》

片瀬一男（かたせ・かずお）**第1〜3章，第5章，第6章，第9章**

　1956年　長野県生まれ。
　1979年　東北大学文学部卒業。
　1983年　東北大学大学院文学研究科博士後期課程単位取得中退。
　　　　　東北大学文学部助手，東北学院大学教養部専任講師などを経て，
　現　在　東北学院大学教養学部教授。
　著　書　『夢の行方——高校生の教育・職業アスピレーションの変容』（東北大学出版会，2005
　　　　　年），『ライフ・イベントの社会学』（世界思想社，新版，2013年），『若者の戦後史——軍
　　　　　国少年からロスジェネまで』（ミネルヴァ書房，2015年）など。

阿部晃士（あべ・こうじ）**第4章，第7章，第8章**

　1968年　山形県生まれ。
　1991年　東北大学文学部卒業。
　1996年　東北大学大学院文学研究科博士課程単位取得退学。
　　　　　日本学術振興会特別研究員（PD），岩手県立大学総合政策学部准教授などを経て，
　現　在　山形大学人文社会科学部教授。
　著　書　『日本の階層システム2——公平感と政治意識』（東京大学出版会，2000年，共著），『SAS
　　　　　プログラミングの基礎——A gentle introduction』（ハーベスト社，第2版，2004年，共
　　　　　著），『〈失われた時代〉の高校生の意識』（有斐閣，2008年，共著）など。

林　雄亮（はやし・ゆうすけ）**第10章，第11章**

　1980年　北海道生まれ。
　2009年　東北大学大学院文学研究科人間科学専攻行動科学専攻分野博士後期3年の課程修了。
　　　　　博士（文学）。
　現　在　武蔵大学社会学部准教授。
　著　書　『基礎から学ぶ社会調査と計量分析』（共著，北樹出版，2017年），『格差の連鎖と若者　第
　　　　　1巻　教育とキャリア』（共著，勁草書房，2017年），『SPSSによる実践統計分析』（共著，
　　　　　オーム社，2017年）など。

高橋征仁（たかはし・まさひと）**第12章**

　1965年　山形県生まれ。
　1987年　東北大学文学部卒業。
　1993年　東北大学大学院文学研究科博士課程単位取得退学。
　　　　　山口大学人文学部准教授などを経て，
　現　在　山口大学人文学部教授。
　著　書　『「若者の性」白書——第7回青少年の性行動全国調査報告』（小学館，2013年，共著），
　　　　　『民主主義の「危機」——国際比較調査からみる市民意識』（勁草書房，2014年，共著），
　　　　　『モラルの心理学』（北大路書房，2015年，共著）など。

社会統計学アドバンスト

2019年12月10日　初版第1刷発行　　　　　　　　　〈検印省略〉

価格はカバーに
表示しています

著　者	片瀬	一男
	阿部	晃士
	林	雄亮
	高橋	征仁
発行者	杉田	啓三
印刷者	田中	雅博

発行所　株式会社　ミネルヴァ書房
607-8494　京都市山科区日ノ岡堤谷町1
電話代表　(075)581-5191
振替口座　01020-0-8076

©片瀬・阿部・林・高橋, 2019　　　　　　　創栄図書印刷

ISBN978-4-623-08370-1
Printed in Japan

社会統計学ベイシック	高橋 征仁 片瀬 一男 阿部 晃士	本体三一〇〇円 A5判 三一四頁 著
新・社会調査へのアプローチ	小松 洋 後藤 範章 木下 栄二 大谷 信介	本体二五〇〇円 A5判 四一二頁 編著
ひとりで学べる社会統計学	浅川 達人	本体二三〇〇円 A5判 二一〇頁 著
データアーカイブSRDQで学ぶ 社会調査の計量分析	川端 亮	本体二八〇〇円 B5判 一九二頁 編著
1歩前からはじめる 「統計」の読み方・考え方（第2版）	神林 博史	本体二三〇六円 A5判 三〇四頁 著

ミネルヴァ書房

http://www.minervashobo.co.jp/